Nicolas Bouzou

Le grand refoulement

Stop à la démission démocratique

PLON
www.plon.fr

12, avenue d'Italie
75013 Paris
Tél. : 01 44 16 09 00
Fax : 01 44 16 09 01
www.plon.fr

ISBN : 978-2-259-23027-8

Introduction

C'est venu d'un coup de vent inattendu avant l'atterrissage, pendant la descente, qui a projeté mon avion trop près de celui qui était devant nous. La distance réglementaire de sécurité n'était plus respectée et les pilotes ont dû procéder à une « remise de gaz ». Nous sommes repartis pour un tour d'aéroport, sans sortir de la couche de nuages, avant de pouvoir atterrir. Quinze minutes de perdues. J'aurais dû retrouver ma voiture au parking P2 d'Orly Ouest à 8 heures. Ce fut 8 h 20 et c'était *a priori* sans importance. À cette heure-là, comme beaucoup de Français, j'écoute successivement plusieurs radios, les choisissant selon les thèmes abordés et les invités. Ce matin, le ministre de l'Économie Emmanuel Macron s'exprime au micro de Jean-Pierre Elkabbach sur Europe 1. La voiture roule lentement sur le béton peint.

« Il y a dans cette société une majorité de femmes. Il y en a qui sont, pour beaucoup, illettrées. Pour beaucoup, on leur explique : vous n'avez plus d'avenir, à Gad ou aux alentours. Allez travailler à 50 ou 60 kilomètres. Ces gens-là n'ont pas le permis de conduire.

On va leur dire quoi ? Il faut payer 1 500 euros ? Il faut attendre un an ? Voilà. Ça, ce sont des réformes du quotidien. »

Formidable, me dis-je en retirant ma carte bleue de la borne de sortie. Enfin un ministre qui ne parle pas pour ne rien dire. D'après l'Insee, en France métropolitaine en 2011, 2,5 millions de personnes étaient illettrées dont la moitié étaient actives. C'est en soi intolérable dans un pays développé. Ça l'est d'autant plus dans la période de mutation que nous connaissons. La croissance économique contemporaine est « biaisée » . elle crée des emplois qualifiés et détruit des postes non qualifiés. Une personne illettrée qui perd son emploi à 40 ans est quasiment certaine de ne jamais retravailler. Elle restera au chômage deux ans, vivra des revenus sociaux, RSA ou autre pendant vingt ans, avant éventuellement de percevoir une minuscule retraite. C'est bien le drame de ces ouvrières, de Gad ou d'ailleurs. Les entreprises jettent sur le carreau des personnes que la société n'a pas pris la peine de rendre ré-employables. Et le retour de la croissance ne changera rien à l'affaire. Tirée par l'innovation, l'activité économique agit comme un filtre, intégrant les individus les mieux formés, laissant les autres au bord du chemin surtout s'ils n'ont même pas le permis de conduire. Pendant que la pluie francilienne bat contre le pare-brise, je m'enthousiasme intérieurement. La jeunesse n'attend pas ! À 36 ans, Macron est intelligent et intelligible. Faciliter l'accès au permis de conduire pour lutter contre l'immobilité, voilà des années que j'en parle. Nous l'avions même écrit, avec l'ami Luc Ferry, dans un rapport au Premier ministre de l'époque, François Fillon[1]. Et oser parler d'illettrisme, avec en outre un ton empreint de sollicitude, voilà qui va enfin aérer un débat français qui sent de plus en plus le chien crevé.

La naïveté est peut-être une faute. Je rentre et m'écroule de fatigue sur le Chesterfield. Vers midi j'allume la télévision. Un cauchemar. La France est en émoi, non en raison du chômage, de l'illettrisme ou du coût du permis de conduire, mais des insultes qu'aurait proférées Macron. S'ensuivent des débats qui coupent les cheveux en quatre et encore en quatre pour essayer de dénombrer exactement le nombre d'illettrés qui officient dans l'abattoir, façon de montrer l'important : le ministre, riche, intelligent, plutôt beau garçon, méprise les ouvriers, ce qui n'est pas étonnant vu sa condition de classe. Pire, c'est même ce que lui reproche l'opposition de droite qui, pour le coup, a laissé toute morale et tout bon sens au vestiaire. Pour ce marxisme de comptoir, on pense avec son compte en banque et non avec sa tête. Je suis d'autant plus sonné que je reviens d'un grand tour d'Europe réalisé pour un précédent ouvrage dans lequel j'ai pu noter à quel point nos voisins étaient plus lucides que nous et n'hésitaient pas à parler de tout, certes avec des réussites diverses[2].

1. Nicolas Bouzou, Luc Ferry, *La Politique de la jeunesse*, Odile Jacob, 2011.

2. *Pourquoi la lucidité habite à l'étranger*, JC Lattès, 2015.

Mais partout les problèmes sont posés. L'après-midi, Macron présente ses excuses à l'Assemblée nationale. Ça y est, je le sais, la France est devenue folle. La démocratie, qui doit reposer sur la raison, se vide de sens.

Les articles dans la presse sont des bouteilles à la mer mais le sens de l'éthique impose d'en jeter. Après être allé manger une salade à la brasserie d'à côté, la valise encore bouclée, pendant que le café chauffe dans la cuisine, je m'installe à la table du salon et rédige un article serré et encoléré. *Le Figaro* le publie le samedi matin[1]. Muriel Beyer, la directrice éditoriale de Plon, m'envoie un sms dans la foulée. Il faut que cet article devienne un livre, vite. Je voulais prendre du bon temps mais ce ne sera pas cette fois. Cette longue table du salon qui donne sur le rotin blanc et les agrumes de la véranda, je n'ai pas fini de m'y asseoir, et pas seulement pour le dîner.

---

1. Nicolas Bouzou, « Emmanuel Macron, les pauvres et les illettrés », *Le Figaro*, 18 octobre 2014.

Ode à la raison

Le fol effacement de la raison

On n'écrit pas un livre au prétexte d'une anecdote. L'affaire Macron n'est qu'une illustration d'un mal profond, qui affecte la façon dont la société française réagit aux événements et s'empêche de régler les grands problèmes, du chômage ou de l'éducation. Et ce mal ne s'abat pas sur notre pays à n'importe quelle période de son histoire. La France a perdu la raison au moment où sa démocratie en a le plus besoin : celui où un tsunami d'innovations commence à s'élever, exigeant dans nos débats sérieux et sang-froid. Mais nous faisons l'inverse.

Je pensais que l'irrationalité, les croyances et les rites étaient pour les pays sous-développés, ceux qu'on appelait dans ma jeunesse les « pays du tiers-monde », la sierra péruvienne décrite par Mario Vargas Llosa dans *Lituma dans les Andes*. Je ne concevais pas que mon pays, celui des Lumières, deviendrait celui où l'on se complaît dans le chômage de masse parce qu'on le considère comme une fatalité tombée du ciel, une punition des dieux qu'il faut apprendre à accepter comme les Grecs acceptaient les déchaînements de la nature. Je n'imaginais pas qu'on laisserait sombrer l'école au prétexte de croyances pédagogiques surnaturelles à rebours de ce que nous enseignent les sciences de l'éducation contemporaine. Et à tort bien sûr, il me semblait que le pays des Lumières pouvait débattre sereinement de l'immigration, s'appuyant sur des chiffres et des analyses scientifiques, éloignant des termes imprécis comme « invasion » ou « grand remplacement ». Que la France ait arrêté la production (pas la consommation, à la limite, mais la production c'est-à-dire la recherche !) des OGM au motif que... eh bien, en fait on ne sait pas trop – au motif que les OGM ne sont pas « assez naturels », peut-être ? –, cela aurait dû m'alerter sur la prédominance du magique sur la raison. Car si Macron ne peut pas poser le problème gravissime de l'illettrisme sans déclencher les foudres médiatiques, c'est parce que notre pays est désormais régi par ses instincts passionnels plus que par la raison. Chaque débat provoque un embrasement des idées fausses et celui qui, épuisé par le travail, sort de son dossier des chiffres et des études s'entend répondre qu'il ne « connaît pas les réalités du terrain », que « ses chiffres sont faux », que « l'on fait dire aux statistiques ce que l'on veut », ou autres débilités d'ivrognes de comptoir. L'alcool, d'ailleurs, quand il mène à l'ivresse, loin de toute tempérance, fait perdre la raison. En cela, se vautrer dans l'alcool ou la drogue nous dépossède d'une part d'humanité.

Notre pays a été le berceau des Lumières qui ont arraché la pensée humaine aux croyances magiques pour l'emmener vers la réflexion rationnelle. Par quel mécanisme pervers le pays du rationalisme, avec ses charmes et ses excès, est-il devenu celui dans lequel on débat des jours et des jours d'un avion qui tombe (ah, finalement, l'avion, c'est dangereux) ou d'un médicament qui tue (ah, finalement, l'homéopathie, c'est peut-être préférable) ? « Je suis, j'existe », nous dit notre compatriote Descartes dans ses *Méditations métaphysiques* : il veut en finir avec le relativisme et le scepticisme, ces monstres intellectuels venus reformer la matrice de la pensée populaire de la France au début du XXIe siècle. Ce que Descartes nous propose, c'est le rejet des croyances magiques du passé : effacer tout ce qui pourrait être sujet à caution pour reconstruire un entendement logique à partir de la seule chose qui soit vraie, notre pensée et donc notre existence. C'est extrême, mais rigoureux. La pensée individuelle a le devoir de se retourner contre les traditions, les rites et les monstres qui peuplent les forêts des contes de notre enfance. Descartes recherche l'absolue vérité, dût-elle être réduite à une proposition minimaliste. Si seul *cogito ergo sum* est certain, toute la théorie du monde doit être rebâtie à partir de cette proposition rationnelle ultime selon le triptyque doute-certitude résistante-reconstruction

Nos débats publics concernant le chômage ou l'école ne devraient donc s'appuyer que sur des certitudes absolues ? Si tel était le cas, nous tournerions toujours autour des mêmes tautologies. La raison citoyenne doit s'appuyer sur la science, c'est-à-dire sur la connaissance, mais celle-ci peut être plus ou moins précise. Voilà qui ne devrait pas déboussoler les Français. Entre le cartésianisme extrême de Descartes et nos débats assis sur du sable, c'est un autre compatriote, Pascal, qui nous livre la juste méthode. Pour lui comme pour Descartes, toute conséquence a une cause (le « principe de la raison suffisante » de Leibniz : rien n'arrive sans cause, ou, dit autrement, tout mystère ne demande qu'à être expliqué par la science). Mais on peut bâtir une méthodologie scientifique sans se limiter à la logique déductive comme en mathématiques. C'est le rôle de l'observation et de l'expérimentation qui préfigurent ce que l'un de mes maîtres, le philosophe autrichien Karl Popper, formalisera au XXe siècle et ce que les sciences sociales sérieuses comme l'économie ont intégré dans leur démarche : une proposition peut être considérée comme vraie si elle est observée, mesurée et tant qu'elle n'est pas réfutée par une observation qui l'infirme. Ainsi, toutes choses égales par ailleurs, une augmentation du coût du travail (à productivité constante) augmente le chômage. Tant que personne n'a pu démontrer l'inverse, cette proposition doit être considérée comme vraie. Voilà sur quoi devraient s'appuyer nos discussions sur le salaire minimum au lieu de concepts mal définis (le salaire « décent »), moraux (« il faut empêcher les entreprises d'abuser des salariés ») ou, pire, d'avis personnels là où seule la connaissance devrait importer.

Pascal substitue l'expérimentation à la seule logique. Mais l'essentiel est sauvegardé et au cœur de l'esprit européen des Lumières : l'esprit critique et la rationalité. Kant établira le rôle de la science comme de la discipline dont la mission est de fabriquer des « synthèses », c'est-à-dire de relier des phénomènes dont les liens logiques n'apparaissent pas *a priori*. C'est la définition moderne de l'intelligence. Les positivistes du XIXe siècle vont parachever l'établissement de cette théorie du progrès. Auguste Comte souligne que le « comment » doit désormais remplacer le « pourquoi ». Ils doivent se retourner dans leur tombe, eux dont le pays ne dit plus « comment » ni « pourquoi », mais « non, je ne veux même pas voir ».

Attention, danger ! Comme le montre Karl Popper, la raison ne s'accommode que de la démocratie au sens large : la liberté de penser, d'exercer son esprit critique, de choisir à loisir ses dirigeants. À l'inverse, la raison sans discernement (« j'ai raison », terrible expression) vire au totalitarisme. Oh ! cela ne guette pas notre France contemporaine, mais n'éludons pas le sujet afin de ne rien céder à nos détracteurs antirationalistes. Contre Platon, Socrate nous donne l'antidote : la raison doit nous faire prendre conscience de nos limites. En ce sens, elle doit éviter d'être totalisante. Seule la modération (certains utilisent le beau mot de « tempérance ») est raisonnable puisque la raison empiriste comme la pratiquent Pascal ou Popper nous oblige à penser qu'on ne peut être sûr de rien, ce qui disqualifie par principe les extrêmes. Ainsi, le citoyen « raisonnable » doit s'abstenir, par principe, de voter à l'extrême ceci ou à l'extrême cela.

Ainsi, les révolutionnaires français, raisonnables au début, finissent par s'égarer quand ils veulent faire totalement table rase du passé. Et Rabaut Saint-Etienne, après son merveilleux « Notre histoire n'est pas notre code », de déclamer : « Pour rendre le peuple heureux, il faut le renouveler, changer ses idées, changer ses lois, changer ses mœurs, changer les hommes, changer les choses, changer les mots... Tout détruire ; oui tout détruire puisque tout est à récréer[1]. » La terreur est une suite logique de cette raison déraisonnable qui oublie la sagesse des autres et qui fait naître, en réaction, le romantisme. La prudence est la meilleure alliée de la raison, sinon celle-ci le cède à son opposé qu'elle engendre, et qui se nomme « passion ». La table rase révolutionnaire est une paresse.

S'il est un groupe d'intellectuels qui nous prévient contre les mauvais usages de la raison, ce sont les philosophes allemands de l'après-guerre, traumatisés par ce fait historique dont les années n'allègent pas le poids accablant : pourquoi est-ce en Allemagne, l'autre pays de la raison, qu'ont pris racine bien des malheurs du XXe siècle européen ? L'historien Michael Stürmer soutient que seul le cartésianisme, en légitimant la table rase, a pu corrompre les traditions prussiennes pour amener la bourgeoisie vers le nazisme comme

1. Rabaut Saint-Etienne, *Considérations sur les intérêts du tiers-état*, 1788.

il a corrompu le libéralisme de la première période de la révolution de 1789[1]. Max Horkheimer craint quant à lui que la raison des Lumières n'ait mué en une raison instrumentale qui n'aurait d'autre finalité qu'elle-même[2]. Ce processus de rationalisation totale mène à l'organisation autoritaire de toute la société, à la possibilité de sa manipulation et à la dissolution de l'individu. La démocratie disparaît au profit d'un totalitarisme dont le nazisme représente l'incarnation ultime. L'oppression est le résultat de la prédominance de la raison. Dans son pamphlet *La Route de la servitude*, le libéral Friedrich Hayek (né en Autriche et mort en Allemagne) a soutenu en pleine guerre que communisme et nazisme ont le constructivisme comme racine intellectuelle commune, la croyance en la raison comme outil d'organisation d'une société du sommet vers la base. C'est encore aujourd'hui ce que m'opposent certains amis libéraux pour lesquels il n'y a qu'un pas entre le rationalisme, le saint-simonisme et, pourquoi pas, la planification vichyste.

Mon éloge de la raison me conduirait à proposer une démocratie d'experts, c'est-à-dire une oligarchie où un petit groupe de sachants ou désignés comme tels orienteraient nos vies selon les résultats de leurs études. Le « ministre-du-Transport-spécialiste des accidents de la route » abaisserait la vitesse maximale

1. Michael Stürmer, *The German Empire*, Modern Library, 2002.
2. Max Horkheimer, *Critique of Instrumental Reason*, Francfort-sur-le-Main, 1967.

autorisée sur le périphérique à 50 km/h, le « ministre-de-la-Santé-spécialiste des maladies chroniques » interdirait l'alcool dans les bars, le « ministre-du-Sport-spécialiste du bien-être » pénaliserait fiscalement ceux qui ne seraient pas inscrits dans un club de sport… Notre société deviendrait malade du planisme et de certaines de ses déclinaisons comme l'hygiénisme. Mais tel n'est pas le propos. Je ne demande pas aux élus et aux membres du gouvernement d'être des experts en tout et de décider à ma place ! Je sais bien qu'un mandat politique s'exerce en jouant d'un subtil équilibre entre technique et contraintes politiciennes. Je demande simplement à l'opinion publique française d'utiliser sa tête et sa raison pour choisir ses gouvernements et sortir de ses passions enfantines que sont la peur et la jalousie !

Toutes ces théories allemandes considèrent le nazisme comme un retournement de l'idée de raison et de progrès contre elle-même. Le progrès serait allé tellement loin qu'il finirait par devenir un Frankenstein qui, sous la forme d'un totalitarisme, menacerait la civilisation. Les Lumières ne seraient pas l'antidote du totalitarisme, mais son fondement. Que la raison poussée à l'extrême menace la civilisation, qui le niera ? Le marxisme, qui constitue une autre forme de « raison totalitaire » le rappelle autant que le nazisme. Nos philosophes allemands n'ont pas tort. Mais, en même temps, comment ne pas voir qu'aujourd'hui ce n'est plus la prédominance de la raison qui menace nos sociétés, mais le retour des passions comme la peur, la haine, l'indignation ou la jalousie ? L'Europe est plus libre que jamais et, si certains pays perdaient cette liberté, ce serait en raison de la prise de pouvoir d'un parti d'extrême droite comme le Front national, dont le succès s'appuie non pas sur le raisonnement des électeurs, et surtout pas sur la raison poussée à l'extrême, mais sur leurs vils instincts. Le FN ne propose pas de « construire » une société rationnelle, fût-elle totalitaire. Son idéologie est en vérité très éloignée du constructivisme dénoncé par Hayek. Il nous propose seulement d'en finir avec tout ce qui fait peur : la mondialisation, l'Europe, les immigrés, le progrès. L'extrémisme prôné par le FN est magique, romantique (le retour à la France d'antan), absolument antirationnel. Or la démocratie, pour survivre, doit en permanence lutter contre les passions.

La science (du latin *scientia* : la « connaissance ») est fille de la raison. Elle relève d'une discussion critique entre des individus à la connaissance nécessairement limitée. Elle ne peut être la vérité révélée par une poignée d'individus soi-disant surintelligents. Raison et science font l'objet d'une remise en cause qui affecte l'Europe et non pas seulement la France. Les guerres du XXe siècle ont démontré que la science n'était pas bonne en soi. La naïveté du XIXe siècle où l'on pensait que le progrès scientifique, économique et social enclenchait mécaniquement le progrès moral, s'est fracassée en 1914. Plus de 18 millions de morts en quatre années au cours d'une guerre intervenue en période de plein développement économique ont bouleversé pour longtemps le sur-moi européen. Les « usines de la mort » (chaque terme compte) de la Seconde Guerre mondiale, la sœur de la première, ont conforté cette méfiance. À la différence des Américains, tout à leur éthique à la Benjamin Franklin (si les affaires sont bonnes sur Terre, c'est sans doute que je suis prédestiné à aller au ciel), et des Chinois, plus technophiles que jamais, nous savons que le progrès doit être encadré par des normes éthiques. Un ordre moral doit surplomber l'ordre technico-économique qui ne se suffit pas à lui-même. Sinon, comment savoir si l'on utilise la radioactivité pour guérir des cancers ou fabriquer des bombes ? Dans le langage de Pascal, penser que le progrès technique ou économique fabrique de l'éthique est « ridicule ». Cela revient à confondre les ordres. Les catastrophes sanitaires et écologiques ont accrédité l'idée selon laquelle la technologie pouvait avoir des effets indésirables. La science est tombée de son piédestal et a entraîné dans sa chute la « raison mère ». La désaffection des jeunes des pays développés par rapport aux carrières scientifiques en témoigne. Si le nombre d'étudiants inscrits dans des disciplines scientifiques dans les pays de l'OCDE continue d'augmenter, leur part dans le total des jeunes scolarisés diminue nettement, au profit d'autres disciplines comme, jusqu'à la crise financière de la fin des années 2000, la finance. Les disciplines traditionnelles comme les mathématiques et la physique sont les plus affectées. Ce phénomène est partiellement lié à des considérations financières, les métiers d'ingénieurs n'étant plus les plus rémunérateurs. La science n'est plus ce modèle de vertu qu'elle a pu représenter. Elle fait partie de nos vies, mais sa banalisation a été ironiquement parallèle à sa mise en cause à un moment où les avancées scientifiques deviennent des innovations radicales sur le point de transformer nos vies. La raison raisonnable, nous n'en avons peut-être jamais eu autant besoin.

La troisième hyper-révolution

La submersion des débats par les passions romantiques des Français ne se produit pas à n'importe quel moment. La psychologie des Français est secouée par une vague d'innovations, un tsunami, même, venue d'Amérique et d'Asie (ce qui est suffisant pour réveiller la méfiance gauloise), et qui déplace nos repères économiques, sociaux et philosophiques. Cette vague d'innovation est synthétisée dans l'acronyme anglo-saxon NBIC : Nanotechnologies, Biotechnologies, Informations, sciences Cognitives, auquel j'ajoute le P de Printing (pour l'imprimante 3D). L'acronyme devient donc NBPIC. Cette vague est singulière à deux titres : par son ampleur et par sa nature.

Le terme de « révolution » est galvaudé. Quand le marketing emporte tout, il faut que tout soit « révolutionnaire ». Mais il n'est pas interdit d'être rigoureux quant à l'emploi des mots. Une « révolution industrielle » correspond à une définition précise : c'est l'apparition de ce que les économistes appellent une « technologie multi-usage » (TMU). Certaines technologies bouleversent le fonctionnement d'un secteur. Un nouveau polymère, par exemple, peut modifier en profondeur la façon de fabriquer des emballages en plastique. Mais l'apparition d'une TMU a des implications bien plus larges. La machine à vapeur, à la fin du XVIIIe siècle, a entraîné la mécanisation de la production, l'apparition de l'usine et le salariat. Luc Ferry a prolongé le raisonnement sur un mode matérialiste-marxiste en montrant que le salariat avait éloigné les individus de leur village de naissance et de l'église, ce qui avait fait basculer le choix du conjoint de l'intérêt financier vers l'amour. Et, comme l'amour ne dure pas, surtout s'il est fondé sur le physique (qui change fatalement), apparaît le divorce[1]. Et voilà comment de la machine à vapeur nous parvenons au célibat tardif et aux familles recomposées ! Au XIXe siècle, le chemin de fer remplace progressivement le bateau à vapeur. Il permet d'acheminer des marchandises rapidement et avec une fréquence rapprochée. Les magasins peuvent devenir « grands » comme Au bonheur des dames. Ils peuvent être alimentés quasiment quotidiennement par un stock élargi de marchandises. L'électricité autorise le travail la nuit, l'automobile change la physionomie des villes, la localisation des logements et des magasins... Toutes ces innovations

1. Luc Ferry, *La Révolution de l'amour*, Plon, 2010.

génèrent des changements massifs, et pas seulement dans le domaine économique. Comme l'a magistralement développé Karl Marx au XIXe siècle, l'économie est l'« infrastructure » de la société qui façonne les « superstructures » que sont le droit, l'organisation de l'État, les arts, ou même les idéologies. Les Français, empreints de la passion de l'État, considèrent que l'économie découle de la politique. Marx a démontré l'inverse.

Notre époque voit l'émergence d'au moins cinq révolutions industrielles, celles relatives aux lettres de NBPIC. Je ne vais pas détailler de nouveau les formidables implications potentielles des NBPIC[1]. Deux aspects sont néanmoins à comprendre ici si l'on veut saisir les graves implications du rejet français des débats basés sur la raison. D'abord, ces révolutions industrielles sont schumpétériennes, du nom de l'économiste autrichien du début du XXe siècle Joseph Schumpeter. Il faut entendre par là qu'elles créent des richesses, mais qu'elles en détruisent aussi. L'innovation ne s'ajoute pas à un ancien monde, elle le détruit. La génétique préventive heurte une partie de l'industrie du médicament, l'imprimante 3D détruit une partie de l'artisanat et la voiture sans chauffeur remet en cause l'industrie automobile traditionnelle. Car, nous dit Schumpeter, le problème n'est pas seulement que « le nouveau remplace l'ancien ».

1. Voir mon livre *On entend l'arbre tomber mais pas la forêt pousser*, JC Lattès, 2013.

C'est aussi que « le nouveau ne naît pas de l'ancien[1] ». Il lui fait concurrence et le tue. Voilà la règle. Voilà pourquoi Tesla Motors, née en 2003, vaut plus de 30 milliards de dollars grâce à ses voitures électriques à longue autonomie équipées d'un pilote automatique. Voilà pourquoi cette entreprise menace nos vieilles gloires comme Renault ou Peugeot. Que le nouveau monde soit un avatar de l'ancien est une exception. Cette idée est d'une profondeur abyssale, mais elle pose aussi d'immenses difficultés politiques car le contrat social européen nous interdit de laisser les perdants de la « destruction-créatrice » sur le bord du chemin. Concevoir un discours et des solutions raisonnées qui leur seront destinés devrait constituer la priorité des partis politiques modérés. Ce n'est pas le cas et laisse le monopole de ce type de discours aux extrêmes. Qui a entendu Les Républicains ou le parti socialiste s'adresser au libraire ou au moniteur d'auto-école, le premier menacé par Amazon et le second par Google ? Oh ! certes, Les Républicains et le PS nous disent bien que ces entreprises sont méchantes (toujours la confusion « ridicule » selon Pascal entre l'économie et la morale) et le Parlement vote (souvent à l'unanimité) de vagues lois censées les contraindre. Mais en vérité le seul parti politique qui propose à ces perdants des NBPIC un discours cohérent, c'est le Front national, promettant, grâce

1. Joseph Schumpeter, *Capitalism, Socialism and Democracy*, 1942 (publication française Payot, 1990).

au protectionnisme commercial et financier, grâce à la réglementation, de revenir à la France d'avant.

La révolution des NBPIC est davantage qu'une révolution industrielle à la puissance 3. *Homo sapiens* mène depuis des dizaines de milliers d'années avec succès un combat contre la mort. Nous sommes aujourd'hui plus nombreux sur Terre que nous n'avons jamais été et c'est une victoire. En outre, nous vivons en moyenne plus longtemps et en meilleure santé que jamais. La « quantité totale de vie sur Terre » que l'on peut mesurer par le produit de l'espérance de vie moyenne et de la population mondiale n'a jamais été aussi élevée. Il est, dans l'histoire de l'humanité, des moments où cette quantité augmente brusquement, mesurant des inflexions techno-économiques qui changent le monde. Cela a été le cas il y a dix mille ans au moment de la révolution néolithique. Cela a été le cas il y a un peu plus de deux cents ans au moment de la première révolution industrielle. C'est le cas aujourd'hui. Ce sont ces moments de l'histoire humaine que j'appelle les « hyper-révolutions ». Ce sont des changements technologiques, économiques et sociaux qui modifient l'humanité et, avant tout, le corps. Or quand on réfléchit à l'ensemble des innovations qui émergent des NBPIC, des drones aux voitures sans chauffeur ou à la domotique, c'est ce qui concerne la santé qui impressionne le plus et qui apporte le plus de changements dans les « superstructures de la société ». Bien entendu, les drones vont transformer l'économie : le secteur de la manutention va se restructurer, au détriment des manutentionnaires eux-mêmes et au profit de la fabrication, du contrôle et de l'entretien des drones. Leur présence au-dessus de nous va modifier l'aspect de nos villes. Comme à chaque vague d'innovations, les réactionnaires y verront le retour du diable techno-libéral et les modernes les défendront corps et armes, sur l'autel du progrès. La voiture sans chauffeur connaîtra le même destin. Elle générera croissance et emplois, mais, dans un premier temps, on ne verra et n'entendra que les plaintes des taxis et des moniteurs d'auto-école. Et puis elle s'imposera, modifiant la vie des citadins qui, au lieu d'écouter les informations, pourront regarder la télévision, jouer sur leur tablette, envoyer des sms ou s'assoupir. Mais la question de la santé, de la biologie moléculaire à la génétique en passant par les thérapies ciblées anticancéreuses ou l'immunothérapie est d'une autre nature. Elle nous conduit au transhumanisme, c'est-à-dire à l'humain « amélioré » et « augmenté ». Elle signe l'avènement d'une hyper-révolution et non d'un simple cycle. Il s'agit de vivre beaucoup mieux et beaucoup plus longtemps.

Suivant la logique schumpétérienne, cette hyper-révolution a comme corollaire une hyper-création mais aussi une hyper-destruction. C'est là que la raison doit intervenir et que la passion romantique est invalidante. Cette hyper-révolution peut être pour le pire ou le meilleur. Derrière elle, se profile une promesse de prospérité, de santé et de liberté, ou un cauchemar de chômage, de technologie instrumentale et de dissolution des valeurs européennes, c'est au choix. Mais à quoi nous sert le romantisme ? À préférer la France des Trente Glorieuses. Aimer le passé, pourquoi pas, mais le retour au passé est impossible car on ne fait pas des arbres avec du papier. La nostalgie peut être un plaisir de la pensée, mais pas une option politique. L'histoire est une avancée irrésistible en ce sens qu'un unique chemin est possible : du présent vers l'avenir.

Une angoisse me saisit au moment où j'écris ces lignes. Je lis dans la presse que le président de la République est parti, flanqué de sa ministre Ségolène Royal, assister au départ de *L'Hermione*, la réplique du navire qui emmena en 1780 Lafayette se battre aux côtés des insurgés américains contre l'Angleterre. On aurait volontiers compris que le président de la République se fende d'un message de sympathie pour les passionnés qui ont mené à bien ce projet. Mais qu'il se rende sur place et prenne la parole pour déclarer cette journée « historique » et pour affirmer que « s'il y avait encore des sceptiques, des cyniques, des aveugles qui prétendaient qu'il était vain de rêver, cette belle journée est la meilleure réponse que la France pouvait leur apporter », me laisse abattu. Il me semble que la politique menée par les socialistes ces dernières années (et choisie en connaissance de cause par les Français) a assez peu contribué à ce rêve. Il me semble aussi que le discours politique serait plus utile s'il se concentrait sur notre avenir plutôt que sur le courage de Lafayette au XVIIIe siècle dont, franchement, mes contemporains et moi-même n'avons pas à être fiers dans la mesure où nous n'y sommes pour rien. Le mérite entier en revient à Lafayette et ses compagnons.

Et que de commémorations en 2014 et 2015, du début de la Grande Guerre à la libération des camps de concentration ! Évidemment, beaucoup y vont de leur couplet moralisateur : il faut se souvenir, il faut savoir d'où on vient, il faut être fidèles à nos valeurs… Mais derrière cette bien-pensance, cette passion pour les commémorations ne cacherait-elle pas quelque sentiment moins avouable ? Ce n'est pas moi qui décrierais l'Histoire qui remplit nécessairement nos vies puisque finalement l'esprit n'est que mémoire (saint Augustin évoque le « présent du passé »). Et bien sûr l'innovation suppose la mémoire car on ne peut inventer du neuf que si l'on se souvient du passé. L'innovation sans connaissance de l'Histoire ne serait le plus souvent que répétition du passé. Il faut donc connaître l'Histoire et ne céder ni à la tentation de l'oubli, ni à celle de la table rase. Mais la France se vautre dans l'Histoire, non pour inventer l'avenir, à peine pour tirer les leçons des erreurs passées, mais pour se réconforter. Le futur n'existe pas. Il est un néant forcément angoissant. Le passé peut être sordide, mais il présente l'immense avantage d'être certain à défaut d'être parfaitement connu. Et puis on peut sélectionner ce que l'on célèbre plus facilement qu'on ne construit un avenir. De l'intérêt pour le passé ou l'avenir, les Français ont choisi : ils préfèrent fêter les victoires militaires et les épopées maritimes plutôt que la découverte d'un nouveau vaccin dont on s'empressera de souligner les possibles effets secondaires. Les Français font un mauvais usage de la fidélité. Au lieu d'être fidèles aux valeurs des Lumières, ils tombent dans le passéisme et la routine. Les Français ont choisi la précaution, qui porte sur les fins, et non la prudence, vertu cardinale qui porte sur les moyens[1].

La voie de la France et de l'Europe ne devrait pas être de retrouver des paradis perdus, mais de réconcilier toutes les formes de progrès, technologique, économique, social et moral, en sachant que cela exige un réveil de la pensée, pas un laisser-aller. Mais les Français, tout à leur déprime, restent dans leur lit, dédaignent l'hyper-révolution qui vient, rêvant de TGV, de Concorde et de Pompidou. Rêves futiles qui, au mieux, ne nous seront d'aucune aide et sont déjà coupables de notre enlisement.

De l'*emotion based policy* à l'*evidence based policy*

La raison, c'est comprendre que notre niveau de vie futur dépend de la croissance qui elle-même dépend de notre capacité à accueillir l'hyper-révolution dans

1. Il faut lire la remarquable analyse qu'André Comte-Sponville fait de la précaution dans son *Petit Traité des grandes vertus*, PUF, 1995, rééd. Points, 2014.

notre pays, puisque, de toute évidence, elle n'est pas née chez nous[1].

La raison, c'est être capable de distinguer ce qui, dans ces innovations, peut être rendu compatible avec notre système de valeurs ou non. Il s'agit d'utiliser la génétique, la biologie moléculaire ou l'intelligence artificielle à bon escient, pas de les refuser.

La raison, c'est savoir que la richesse du XXIe siècle réside dans la possession des données, le *big data* généré par des applications (moteurs de recherche, GPS, achats en ligne, livres et musiques, santé) que nous utilisons tous les jours et qui nous connaissent parfois mieux que nous nous connaissons nous-mêmes. Face à cette vague, la peur n'est pas opérationnelle. Mener des politiques publiques pour laisser émerger des acteurs européens des NBPIC et mettre en place un cadre réglementaire adéquat est la réponse rationnelle, la seule qui permette de ne pas laisser le monde du XXIe siècle aux mains nord-américaines et asiatiques.

La raison, c'est comprendre qu'il nous faudra gérer les effets sociaux destructeurs de l'hyper-révolution qui vient sans entraver la croissance. Pour cela, il faut

1. Ce n'est pas forcément grave. Un pays comme Singapour est devenu l'un des plus riches du monde en assimilant des innovations des autres plutôt qu'en innovant lui-même. C'est une différence notable avec un pays comme Israël qui innove énormément lui-même mais en éprouvant des difficultés à transformer ces innovations en gains de productivité et donc en prospérité à long terme pour l'ensemble de l'économie israélienne.

réfléchir, travailler, confronter, comparer, ouvrir les yeux et ne pas tomber dans le panneau qui ne consiste à voir que la partie « destruction » de la « destruction-créatrice schumpétérienne », ce qui relève plus du romantisme que de l'analyse[1].

La raison, c'est comprendre que tout cela passe par des réformes de nos institutions (en particulier le marché du travail et l'éducation), ce qui est possible si l'on s'appuie sur les extraordinaires connaissances sociales accumulées ces dernières décennies. Ce sera d'autant plus facile que l'on pratiquera ce que les Anglo-Saxons nomment une *evidence based policy* et que j'opposerais à l'*emotion based policy*. L'*evidence based policy* est fondée sur les résultats des sciences sociales. Elle emprunte sa méthode à la médecine. C'est dans les années 1980 qu'un groupe de médecins canadiens décide de diffuser les résultats les plus récents de la recherche scientifique afin d'augmenter la qualité des prescriptions. Quelques énergumènes pointent le danger de l'affaiblissement du lien entre le praticien et le patient. En effet, si la froide science s'interpose dans cette relation, n'y a-t-il pas un risque de dépersonnalisation de la médecine ? Aujourd'hui, l'argument peut faire sourire ou énerver, c'est selon. On pourrait croire que la conversion de la médecine à la science se fait sans résistance. Ce serait

1. C'est pourquoi j'ai été si triste de lire sous la plume d'esprits aussi fins que Michel Onfray et François-Xavier Bellamy la rengaine de la « fin de la civilisation » et du « bateau qui coule » (*Le Figaro*, 24 mars 2015).

se méprendre. L'exemple du médecin hongrois Ignace Philippe Semmelweis est connu car Céline lui a consacré sa thèse de doctorat. Dans la Vienne du début du XIXe siècle, de nombreux enfants et leurs mamans mouraient de fièvre peu après l'accouchement. On recensait même énormément de décès dans certains hôpitaux, mais quasiment pas dans d'autres. Même dans l'hôpital de Semmelweis, le taux de mortalité maternelle et néonatale montait à 13 % dans certains blocs, contre 3 % dans une pièce voisine et alors même que les procédures et les profils des patientes étaient similaires. En 1847, l'un des amis de Semmelweis se coupa avec son bistouri et décéda de la même fièvre que la maman qu'il était en train d'autopsier. Le mystère de la surreprésentation des décès chez les patientes et les bébés de certains médecins était résolu et la pratique scientifique médicale était née. Semmelweis rendit obligatoire la désinfection des mains avant un accouchement. Le taux de mortalité fut divisé par dix. Le corps médical, ni plus ni moins corporatiste que les autres, refusa cette thèse. Semmelweis tomba en dépression et mourut dans un asile psychiatrique[1].

Je suis administrateur de la Fondation Roche, qui travaille sur les inégalités d'accès aux soins, et je suis subjugué, mois après mois, par les progrès exponentiels des thérapies, notamment dans le domaine du cancer. Mais notre système de soins a des difficultés

1. Voir Robert Delavault, *L'Asepsie un demi-siècle avant Pasteur : Ignace Semmelweis (1818-1865)*, L'Harmattan, 2007.

à se réorganiser pour être plus efficace et réaliser des économies que nous pourrons réinvestir pour acheter ces merveilleux traitements. Il est désormais quasiment certain que, d'ici une vingtaine d'années, le génie humain aura terrassé le cancer. Il n'est pas impossible que notre inaptitude à réformer notre système de santé nous empêche de bénéficier de cette victoire scientifique remportée de haute lutte. L'humanité est souvent géniale dans le domaine scientifique. Elle reste souvent arriérée dans l'organisation sociale.

Dans les moments de déprime, je lis les grands auteurs. L'intelligence me vivifie. Elle m'envoie des embruns au visage. J'ai l'impression de courir à Biarritz. Romans, essais, nouvelles, peu m'importe, puisque la littérature est une. Tocqueville est un immense écrivain. Un grand style éblouit, y compris en dehors du domaine de la fiction. Proust l'exprime avec éclat : « Le style n'est nullement un enjolivement, comme croient certaines personnes, ce n'est même pas une question de technique, c'est – comme la couleur chez les peintres – une qualité de la vision, la révélation de l'univers particulier que chacun de nous voit, et que ne voient pas les autres[1]. » Alors un livre qui évoque la philosophie ou l'économie devrait être sec comme un coucou ? Et Nietzsche ? Et Rousseau[2] ?

---

1. Marcel Proust interrogé par Élie-Joseph Bois, *Le Temps*, 1913.

2. Ce début des *Confessions* que j'ai appris par cœur : « Je forme une entreprise qui n'eut jamais d'exemple, et dont l'exécution n'aura

J'ai donc relu pour la énième fois les deux tomes de *La Société ouverte et ses ennemis* de Karl Popper publiés en 1945 et j'ai concentré mon attention sur ce merveilleux petit chapitre XXIV intitulé « La philosophie prophétique et la révolte contre la raison ». Le rationalisme est l'attitude qui consiste à vouloir résoudre les problèmes en faisant appel à la pensée lucide et à l'expérience plutôt qu'aux émotions et aux passions. Le premier conflit entre la raison et la passion est né au Moyen Âge entre scolastique, venue de l'Empire romain, et mysticisme, venu des Barbares. Le rationaliste travaille, cherche, se trompe, recommence, et accepte, exige même, la discussion critique car il sait que la valeur de ses résultats en dépend. Seuls ses arguments comptent et non ses origines, sa religion ou sa race, ce en quoi le rationalisme fonde l'unité humaine. C'est le trait qui nous relie malgré nos origines et nos déterminismes. La passion romantique, à l'inverse, a vite fait de nous classer selon ses critères : beaux et laids, citadins et ruraux, géniaux ou bêtes... Le rationalisme unit et la passion sépare. Ce débat est donc aussi moral puisqu'il a à voir avec notre conception de l'homme, égalitariste ou aristocratique. La passion est nécessaire dans le domaine des arts, de l'amitié ou de la famille, mais c'est un poison dans le domaine social. La réforme des institutions doit tenir

point d'imitateur. Je veux montrer à mes semblables un homme dans toute la vérité de la nature ; et cet homme ce sera moi », ce n'est pas un grand style ?

à distance le mythe du dictateur éclairé qui saurait ce qu'il faut faire et procéderait sans l'assentiment immédiat de son peuple. Dans le cadre démocratique, le changement institutionnel ne peut se réaliser en fonction des émotions et des passions des uns et des autres, de leurs utopies ou de leur vague idée sur un sujet. Et là, je cite Popper car il est difficile d'être plus clair et profond à la fois : « Le rationalisme se rattache étroitement à l'exigence d'une ingénierie sociale pratiquant la méthode du coup par coup appliquée à la rationalisation de la société, à une véritable planification contrôlée par la raison et opposant au pseudo-rationalisme platonicien un rationalisme socratique conscient de ses limites[1]. » Réformer notre marché du travail, notre système éducatif ou la régulation des flux migratoires, ce ne sont plus des sujets purement politiques et seulement relatifs à des opinions. Ce sont des choix : les opinions publiques peuvent vouloir revenir au plein-emploi ou non. Si elles le souhaitent, les changements nécessaires doivent être guidés par des considérations scientifiques, à charge pour les politiques de les mettre en œuvre de telle ou telle manière. La démocratie est plus efficace quand les citoyens sont éclairés par le savoir.

Le combat pour la raison concerne à la fois la compréhension de ce que l'avenir signifie et les choix politiques de réformes des institutions. Refuser les

1. Karl Popper, *La Société ouverte et ses ennemis*, tome 2, *Hegel et Marx*, Seuil, 1979.

changements est une option. C'est ce que fit Sparte en son temps. C'est le péril français d'aujourd'hui.

Sparte ou Athènes

Le commerce athénien avait fait naître les grandes fortunes et les inégalités sociales, et bouleversé un ordre établi considéré comme naturel, à l'image de ce que nous préparent les NBPIC. Le commerce, qui est une forme d'innovation, contrarie la nature qui préfère l'autarcie. Les commerçants, les marchands et les financiers montent dans la hiérarchie sociale par l'argent, substituant leur prestige nouvellement acquis à celui de l'aristocratie. Une nouvelle distinction de classes s'impose spontanément, qui place face à face les marchands et les financiers d'un côté, les ouvriers de l'autre. Les oligarques athéniens dénoncent le commerce comme une activité subversive et dangereuse pour la préservation de l'ordre aristocratique naturel, rejoignant en cela l'idéologie spartiate. Ils considèrent que commerce, utilisation de la monnaie, politique navale et démocratie forment un ensemble cohérent et immoral. On ne peut défendre la démocratie si l'on est opposé au commerce. Il ne faut pas s'étonner que certains de ces oligarques aient conspiré avec l'ennemi. Athènes suscitait des haines y compris à l'intérieur de la cité et parmi les classes cultivées. Sparte était populaire chez une partie de l'élite athénienne qui ne pouvait accepter ce que Tocqueville mettrait en lumière au XIXe siècle : la démocratie nivelle par le bas. C'est pourquoi s'il faut l'aimer, c'est pour ce qu'elle est, pas pour les sous-produits qu'elle engendre. Mais un tel effort était hors de portée des oligarques et *a fortiori* des dictateurs spartiates. La politique de Sparte avait pour but de garder à distance tous les facteurs d'évolution économique et sociétale afin d'écarter les influences qui auraient pu remettre en cause les tabous et les rites. Il fallait rejeter la démocratie, le commerce, l'égalitarisme et l'universalisme, et rêver à la domination militaire.

La guerre du Péloponnèse, autant qu'une guerre militaire d'influence, est la première grande guerre idéologique des modernes contre les anciens, Périclès, Hérodote, Démocrite, Antisthène d'un côté, Sophocle, Thucydide et surtout Platon de l'autre, Platon que le commerce répugnait et qui voulait punir de mort la détention d'or. Elle n'est pas qu'un affrontement entre deux cités. C'est aussi une guerre civile intra-athénienne, une guerre de classes, la première guerre schumpétérienne qu'au regard de l'histoire longue Athènes a remportée. La France d'aujourd'hui fait penser à Sparte, un microcosme tourné vers le passé, passionné par son histoire et qui regarde de travers les modernes, thuriféraires des biotechnologies ou de l'intelligence artificielle.

Ce n'est certainement pas ce refoulement qui va nous aider à trouver la voie médiane du changement civilisé. La France, en jouant à Sparte, donne raison aux Athéniens débridés (l'équivalent anachronique des gourous un peu illuminés de la Silicon Valley) qui la présentent comme un musée, une Venise moderne en moins beau. Voici ce que nous dit le prince Salina dans *Le Guépard* et qui s'applique assez bien aux Français d'aujourd'hui :

« Le sommeil, un long sommeil c'est ce que veulent les Siciliens. Et ils n'auront que de la haine pour ceux qui veulent les réveiller. Même pour leur apporter les plus merveilleux cadeaux. [...] Chez nous toute manifestation, même la plus violente, est un désir d'anéantissement. Notre paresse, la douceur de nos sorbets aux herbes magiques, une soif de voluptueuse immobilité [...]. Les Siciliens ne voudront jamais s'améliorer parce qu'ils se jugent parfaits. Leur vanité est plus forte que leur misère. »

La France romantique

Le grand refoulement

À l'heure où quelques énervés s'échauffent autour des thèses du grand remplacement, on ferait mieux de s'affoler du grand refoulement, plus grave et déjà problématique. Le problème français, aussi loin que l'analyse conduise, est psychologique et peut se comprendre dans des termes freudiens. Cette pathologie se lit sur le visage des Français dans la rue, dans les transports en commun, dans les magasins : ils sont devenus tristes, tendus, parfois agressifs. Ils ne se départent pas d'une sorte de mélancolie qui ressort dans les sondages : peuple parmi les plus défiants au monde, les Français n'ont plus confiance en rien, ni en eux-mêmes, ni dans la politique ou les corps intermédiaires. Leur regard noir mitraille toutes les institutions. La France souffre d'une dépression nerveuse collective, ce qui n'étonnerait pas un psychanalyste : elle est le symptôme d'un refoulement collectif. Les Français souffrent d'une hypertrophie de leur inconscient car ils refoulent l'inacceptable : ils ont trahi la France.

La France est une idée. C'est l'idée de l'égalité républicaine qui laïcise l'idée chrétienne de la dignité des hommes. Si, comme l'enjoint l'éthique catholique, tous les hommes sont égaux en dignité, tous doivent être libres et égaux en droits. C'est l'essence du message républicain contenu dans notre devise. Des millions d'individus ont souhaité devenir français pour vivre la liberté et l'égalité au sein d'une République solidaire. Mais depuis une vingtaine d'années, les Français ont trahi cette promesse. Il est évident qu'un enfant de chômeur ou qu'un petit-fils d'immigré musulman est désavantagé par rapport à la moyenne de la population. Il est certain que l'ami d'un professeur de médecine est mieux soigné. Il est sûr qu'un enfant de haut fonctionnaire trouve un stage facilement. Nous refoulons cette trahison parce que nous en sommes coupables. Vous, moi, eux, nous avons trahi l'idéal français qui fonde la cohérence de notre Moi collectif. À force de vouloir conserver notre modèle, nous avons perdu nos idéaux.

Cette trahison est répréhensible car c'est un reniement de nous-mêmes et c'est peut-être ce qui peut arriver de pire à une nation. C'est pour cela que nous refusons de l'admettre et continuons de glorifier notre système d'éducation, notre protection sociale, nos villes, nos infrastructures, sans percevoir notre ridicule tandis que le monde entier nous regarde, incrédule. Dans tous les pays du monde, il y a, à un moment ou un autre, des problèmes. Chaque nation a dû batailler contre le chômage, le décrochage scolaire ou l'État envahissant. Mais la France est le seul dans lequel on refuse de nommer les problèmes pour commencer à les régler. Ce qui a sauvé l'Allemagne, l'Angleterre ou la Suède du déclin, c'est d'avoir réussi à « défouler », c'est-à-dire prendre conscience des maux et du fait qu'ils viennent de soi, pas des autres, étrangers, marchés, immigrés, concurrents proches (les Allemands) ou lointains (les Chinois). Prendre conscience est désagréable un instant puis libérateur. Seul le défoulement pourrait redonner aux Français la joie de vivre, l'entrain, le sourire même sous la pluie parisienne.

La peur paralysante

La France refoule et, comme une personne dépressive, elle est paralysée par la peur. Elle a même peur de ce qui pourrait l'aider. Comment accueillerait-elle les NBPIC ? Là où l'Europe se méfie de la science, les Français la rejettent. Là où d'autres hésitent, se questionnent, nous déployons les mains devant nos yeux. Nos gouvernements, avec le soutien de l'opinion publique et contre l'avis des académies (les plus hautes autorités scientifiques du pays), ont ainsi complètement renoncé à la production d'OGM. Passionnante question que celle des OGM dans un pays de tradition agricole qui se targue de produire une alimentation de qualité. Si la France était un pays leader en matière d'OGM, son secteur agroalimentaire regagnerait des parts de marché et elle pourrait consommer moins de phytosanitaires dont on est certain qu'ils ont des effets néfastes sur la santé, eux. Mais nous avons préféré abandonner cette promesse à d'autres, nous plaçant dans une situation de dépendance par rapport à des étrangers dont nous contrôlons moins la qualité de la production[1].

Pourquoi la France, cette grande nation paysanne, terrienne plus que maritime, s'est-elle placée dans cette situation ? On ne sait. L'argument du danger est de peu de valeur car le danger justifie la protection et la régulation, mais pas l'interdiction. Sinon coupons l'électricité, interdisons le feu et cessons de prendre l'avion. Des activités potentiellement dangereuses sont pratiquées chaque seconde dans les pays développés mais dans des conditions qui, justement, minimisent le risque. C'est bien cela qu'Aristote nommait prudence. Cette distinction déjà évoquée entre prudence et précaution, d'une profondeur abyssale, et qui change la vie de l'anxieux qui en prend connaissance (j'en sais quelque chose), n'a pas été intégrée dans le patrimoine intellectuel français. À la limite, prendre des risques à titre individuel, c'est-à-dire manquer de prudence, n'a pas à être proscrit sauf si

1. La peur des OGM et des nouvelles technologies en général n'est pas propre à la France. Ainsi, l'Autriche rejette les OGM et l'Allemagne s'en méfie fortement. Mais aucun autre pays que la France n'a à ce point abdiqué l'idée de mener un débat rationnel, quelles qu'en fussent les conclusions.

cela génère des externalités négatives pour la société. Si l'on essaie par de multiples moyens d'empêcher les gens de fumer, c'est moins pour les protéger eux-mêmes que pour éviter les coûts financiers que les pathologies liées au tabac font peser à la collectivité. Mais la culture des OGM n'entre pas dans cette catégorie puisque rien ne montre qu'elle soit dangereuse si elle est strictement régulée.

Les évaluations des impacts des OGM sur l'environnement, la santé ou l'économie s'appuient sur près de vingt années de recul depuis les premières exploitations commerciales, avec une augmentation continue des cultures (13 % des terres arables de la planète en 2013) et de la consommation, animale comme humaine. Pour certaines espèces, l'évaluation peut en outre s'appuyer sur un taux d'adoption élevé, comme pour le soja (82 %), le coton (68 %) et le colza (25 %)[1]. Depuis plusieurs années, des millions de personnes à travers le monde consomment régulièrement des OGM sans que des effets néfastes aient pu être relevés sur l'environnement ou la santé[2]. Il y a au moins une explication à cela : les mesures de précaution en matière de produits génétiquement modifiés sont particulièrement rigoureuses. Des essais et des

1. Le taux d'adoption d'une plante génétiquement modifiée (PGM) correspond à la part de sa production dans la production totale de l'espèce.

2. Source : Académie d'agriculture de France, « Conclusion du groupe de réflexion et de proposition de l'Académie d'agriculture de France sur les plantes génétiquement modifiées », novembre 2012.

contrôles lourds sont nécessaires pour toute mise sur le marché. La toxicité alimentaire, les risques environnementaux et la valeur ajoutée agronomique sont étudiés pour chaque nouvel OGM. Leurs homologations s'accompagnent d'un plan de surveillance continue et d'une stratégie de correction en cas de diffusion involontaire. La rigueur des critères sanitaires et environnementaux devant être respectés est telle que de nombreuses plantes « conventionnelles » ne pourraient être commercialisées si elles étaient soumises au processus d'homologation des OGM. En outre, au sein d'une filière agricole donnée, la cohabitation entre une espèce génétiquement modifiée et la même espèce « naturelle » est possible par le respect de règles d'isolement élémentaires. Ces mesures de précaution contribuent à expliquer pourquoi, dix-neuf ans après les premières commercialisations d'OGM, et alors que des centaines de millions de personnes et des milliards d'animaux d'élevage en consomment régulièrement, il n'a pas encore été relevé de scandale sanitaire ou environnemental à l'encontre de ces plantes honnies par la France.

Oui, mais voilà que surgissent nos passions antinaturalistes. OGM = génétiquement modifié, horreur ! La modification des gènes, fût-elle pratiquée de façon artisanale depuis des siècles voire des millénaires par les paysans, doit être proscrite. Peur enfantine.

La servitude volontaire

Si le sujet est le refoulement, le problème, c'est moi, vous, nous, les Français. Étienne de La Boétie a rédigé son *Discours de la servitude volontaire* en 1549. Il y montre qu'une tyrannie repose en dernier ressort sur l'assentiment du peuple. Qui peut le plus peut le moins ! Dans une démocratie, le pouvoir des mauvais gouvernements repose aussi sur la complicité des peuples ou des opinions publiques, pour employer un vocable contemporain. Notre fourvoiement est collectif. Oh, j'entends tous les jours la musique désaccordée : « ce sont les médias », « ce sont les élites », « ce sont les politiques ». Ce raisonnement pourrait à la limite tenir debout dans une dictature. Mais la France est une démocratie de marché parfaitement libre.

Certes, dans la paranoïa ambiante, on entend dire que les médias sont inféodés au pouvoir en place. Les médias en réalité ne réagissent pas à un pouvoir politique, mais à un pouvoir économique. Les entreprises de presse privées ne sont pas des producteurs, mais des vendeurs d'informations, c'est-à-dire qu'elles vous proposent ce que vous leur demandez. Vous exigez de la peur ? La presse vous dira que les OGM vous tuent, que les médicaments ont des effets secondaires et que les avions peuvent tomber. Vous exigez des boucs émissaires ? Elle vous donnera l'invasion des immigrés. Vous regrettez d'avoir voté pour François

Hollande ? On vous expliquera qu'il a trahi ses promesses. Les médias ne sont pas une machine à manipuler, mais un immense miroir collectif. Même la presse écrite qui s'adresse par définition à un public de lecteurs, en principe plus cultivé que la moyenne, réalise ses meilleures ventes quand elle classe les hôpitaux, les villes en fonction des prix des logements ou quand elle enquête sur les aventures sexuelles des uns et des autres. Ce miroir est devenu particulièrement net depuis l'existence des chaînes gratuites d'information continue comme iTélé ou BFM TV. Ces chaînes sont soumises à la logique implacable du profit, c'est-à-dire de l'audimat. Or comment maximiser l'audience autrement qu'en hiérarchisant l'information en fonction de ce qui intéresse le plus grand nombre ? Si la neige (un fait météorologique auquel on ne peut rien) ou la catastrophe de l'A320 de la Germanwings (un fait divers abominable, mais un fait divers quand même) vous intéressent plus que la Syrie ou le chômage, ces titres seront traités en priorité. La progression importante de ces chaînes montre d'ailleurs que, quelles que soient les critiques qu'elles reçoivent, elles rencontrent un succès de plus en plus large.

La fréquentation des médias m'a convaincu de leur rigueur : on n'y invente pas d'histoire. Mais les thèmes traités sont ceux que vous réclamez. D'ailleurs, les années où j'ai été salarié d'un groupe de télévision, et où j'ai été parfaitement heureux car totalement libre, la seule directive qui m'obligeait était d'être « concernant », terme que j'ai appris à détester. Je me souviens combien il était difficile de placer un éditorial sur la Chine ou même les États-Unis puisque, d'après les enquêtes, cela vous ennuie. Dont acte. Mais ne critiquez pas à la légère les médias car ils vous ressemblent ou ils font faillite.

L'élite. Là aussi, que n'ai-je entendu ! Les intellectuels qu'on lit, entend et voit dans les grands médias seraient soumis au pouvoir, cette dernière expression prononcée avec un air mystérieux laissant entendre qu'il pourrait s'agir du gouvernement, mais aussi pourquoi pas des francs-maçons ou des juifs ! Quand on refoule, les délires sont sans limites. La vérité est plus simple et plus matérielle. Les intellectuels médiatiques ne sont peut-être pas les plus intelligents, mais ce sont ceux qui vous plaisent ou qui correspondent à ce que les chaînes et les producteurs pensent vous convenir. Ils peuvent se tromper mais, dans ce cas, la sanction de l'audimat et donc des recettes publicitaires tombe. Les intellectuels pensent ce que leurs travaux leur dictent mais ceux qu'on voit sont ceux qui vous comblent parce qu'ils sont clairs, drôles, pourquoi pas intelligents. Ce sont ceux aussi qui vous entretiennent dans votre masochisme. C'est particulièrement vrai dans le champ économique. Vous aimez vous entendre dire que la France dysfonctionne, qu'il faudrait réformer nos institutions et qu'on ne le fait pas.

Une partie du public se plaint du « terrorisme intellectuel » qui régnerait dans la sphère médiatique. Il serait interdit de parler d'immigration, de l'islamisme, d'Israël ou des fraudes à l'assurance chômage.

Le débat ainsi tronqué porterait en lui les germes d'une politique hémiplégique éloignée d'une démocratie « raisonnable ». Mais cette hypothèse du terrorisme intellectuel ne tient pas trois secondes. Les intellectuels qui développent des pensées provocatrices comme Alain Finkielkraut ou Michel Onfray sont édités par les plus grandes maisons d'édition et on les voit très souvent dans les médias. Il est difficile d'allumer son poste de télévision sans voir Éric Zemmour d'un côté, Alain Badiou de l'autre. En réalité, très peu de personnes disparaissent des écrans médiatiques en raison de leurs idées. À moins de proférer des propos antisémites, racistes ou révisionnistes, ce qui est de toute façon puni par la loi, chacun s'exprime en France. Certes, la pensée germanopratine d'après-guerre et son prolongement dans Mai 68 ont orienté le débat en France dans une direction favorable aux « intellectuels de gauche ». Mais l'adoration excessive dont a bénéficié Sartre n'a pas empêché Camus ou Aron d'avoir été parmi les écrivains influents de la seconde partie du XXe siècle. D'ailleurs, aujourd'hui, les « intellectuels de gauche » ne sont pas plus audibles que ceux de droite qui se plaignaient il y a encore quelques années d'être ostracisés. Rendre le « terrorisme intellectuel » responsable de la perte de la qualité de nos débats est une fausse piste.

En sus des élites, les gouvernements sont, chez nous, systématiquement pris comme boucs émissaires. Et quelques semaines après son installation, le président de la République, en France, devient impopulaire. Ce caractère répétitif devrait alerter, en ce sens qu'il n'est peut-être pas dû qu'à la personne du Président. Mais, dites-vous, la France est frappée de malchance. Les hommes politiques français portent le gène du mensonge. Au pouvoir, ils renient leurs promesses, vous laissant cocus à tel point que comme certaines femmes pensent « tous des salauds » et certains hommes pensent « toutes des salopes », vous dites « tous des pourris ». Vous avez tort, car les hommes politiques français tiennent une grande partie de leurs promesses. Pas toutes bien sûr. Mais la plupart. Regardez le mandat de François Hollande après l'élection de 2012. Mariage pour tous, fin du cumul des mandats, création d'une banque publique d'investissement : choses faites. Moins spectaculaires, mais il s'agissait aussi d'engagements de campagne : contrats de génération, emplois d'avenir, limitation des salaires des dirigeants des entreprises publiques, fin du non-remplacement d'un fonctionnaire sur deux, plafonnement des frais bancaires, augmentation de l'ISF (mesure sottement populaire pendant la campagne de 2012), encadrement des loyers (aussi bête si ce n'est plus), renforcement de la loi SRU... Le fait est que François Hollande, comme Nicolas Sarkozy avant lui, a tenu la plupart de ses engagements de campagne, et notamment les plus importants. Jacques Chirac fut peut-être un « super-menteur » comme le baptisèrent « Les Guignols de l'info ». Qualifier ainsi Sarkozy et Hollande serait à côté du sujet.

Ah, répond la rumeur populaire, mais il a aussi augmenté les impôts, supprimé les exonérations fiscales et sociales sur les heures supplémentaires, et affaibli le quotient familial. Tout cela est parfaitement juste, mais il serait tout aussi juste d'admettre qu'il l'avait annoncé. Sur ces sujets, François Hollande n'a pris personne en traître et ceux qui ont voté et regrettent cette politique ou regrettent les effets de cette politique auraient dû réfléchir davantage avant de mettre leur bulletin dans l'enveloppe.

Enfin, me dira-t-on, Hollande avait promis d'inverser la courbe du chômage, de construire des logements et de relancer la croissance. En effet, il avait dit cela, mais voter est un droit qui implique un devoir : celui d'user de sa raison. On ne devrait jamais voter sur une promesse de résultats, mais sur une promesse de moyens. La démocratie, c'est : faire confiance aux électeurs. Cette confiance, vous en êtes les récipiendaires. Ceux qui font n'importe quoi avec leur bulletin de vote ne sont pas dignes de vivre dans l'une des démocraties les plus libérales au monde. Ceux qui gobent benoîtement des « je vais faire baisser le chômage parce que je vais relancer la croissance » seraient donc capables de voter pour quelqu'un qui leur dirait « avec moi l'insécurité va disparaître, il n'y aura plus de guerre et il fera toujours beau ». Ce ne sont pas des adultes citoyens. En 2012, le programme qui a été choisi par les Français a été pour l'essentiel appliqué. Ce n'est donc pas à François Hollande qu'il faut s'en prendre avec des débats qui relèvent de l'analyse psychologique de troisième ordre ou de l'émotion plus que de la raison : ce n'est pas un vrai chef, il ne sait pas décider, il est toujours indécis et on le voit bien dans son comportement avec les femmes ! Nicolas Sarkozy, qui lui aussi avait à peu près exécuté son programme, certes de façon minimaliste (il faut dire, et c'est là sa seule mais bonne excuse, que la crise est venue interrompre violemment le chemin normal des choses) et en y ajoutant en cours de mandat des idées mégalo-fantasques (« la définition d'une politique de civilisation »), voire dangereuses (le débat sur l'identité nationale), était traité de président vulgaire, autoritaire, souffrant d'une relation compliquée avec son père ! Que de diversions pour ne pas admettre l'essentiel : le programme économique de Nicolas Sarkozy était brouillon, d'ailleurs il avait été un ministre de l'Économie brouillon, et donc sa politique de Président fut brouillonne.

Les Français sont complices de leur mal. Ils en sont même la source. Ils sont guidés par leurs passions comme un chien en laisse suit son maître. Ils s'indignent, craignent, jalousent, s'emportent, mais ne raisonnent plus. Parfois ils versent dans le polylogisme : la logique n'existe même plus, il existe une logique par groupe social ou, pire, par religion.

Qui pense avec sa classe

Marx nous a légué des outils d'analyse sociale puissants. L'idée selon laquelle les mouvements de la société naissent dans les infrastructures, c'est-à-dire de l'innovation et des rapports sociaux qu'elle engendre, est précieuse, surtout en France où l'on considère que la société est modelée par l'État et donc par la politique. La science marxiste marche dans le sens contraire, qui est le sens correct, comme l'avait pressenti au XVIIIe siècle l'économiste François Quesnay qui déclamait : « Pauvres paysans pauvre royaume, pauvre royaume pauvre roi. » L'un des pères de la science économique était français et s'appliquait à remettre les idées à l'endroit. Cette conception matérialiste de l'Histoire nous aide à concevoir en quoi l'hyper-révolution des NBPIC modifie les rapports de production et donc les rapports de classe. Elle accouche des transhumanistes d'un côté, des bio-conservateurs et des bio-luddites de l'autre. Elle modifie la structure sociale et, par suite, l'univers des idées et le monde de la politique. Marx nous rappelle que tout ne tombe pas du ciel, même les idéologies. Les idées ne mènent pas toujours le monde, c'est parfois l'inverse. Il existe une logique des situations et identifier des causes matérielles à ce qui nous interroge est un procédé fécond. Le marxisme est un rationalisme. Mais il est dangereux car susceptible de se retourner contre lui-même et contre l'usage de la raison quand il verse dans l'historicisme. Comme le craignait Popper, le marxisme croit tenir une science qui définit le cours de l'Histoire. Si c'est le cas, la démocratie est un outil sans objet. Si les hommes ne peuvent collectivement pas infléchir leur avenir, rien ne sert de voter. Marx contient en germes la dictature, ce que les communistes n'ont, à tort, jamais voulu admettre.

Le marxisme peut aussi être un polylogisme. Certes, promenant mes guêtres dans le milieu des dirigeants d'entreprises, je m'étonne toujours de l'homogénéité caractéristique de leur pensée : ils votent en grande majorité à droite, aiment ou feignent d'aimer l'art contemporain, mais peu la musique ou le cinéma, portent des costumes ou s'habillent « chic et décontracté ». Ils se ressemblent par la pensée et, dans une certaine mesure, par le physique. La conscience de classe existe donc, je l'ai rencontrée et elle frôle la caricature. Une remarque similaire pourrait s'appliquer aux enseignants, d'ailleurs on parle bien du « monde enseignant ». Le vote politique des dirigeants d'entreprises est en moyenne à l'opposé de celui des enseignants, ce qui se comprend facilement : chacun défend ses intérêts. La stratification de la société par classe est donc un outil grossier mais utile, utile mais mortifère pour la raison s'il est utilisé avec passion, sans discernement. Popper avait identifié ce paradoxe, cette alliance de fait entre le mysticisme d'un côté et le marxisme de l'autre : le premier en rejetant la raison et le second en en faisant un usage déplacé sapant la foi dans le rationalisme. Ainsi j'entends dire : Macron est banquier et riche, comment peut-il prendre des décisions qui auront des conséquences sur des Français dont une part croissante s'enlise dans la pauvreté ? Ainsi je m'entends dire : comment un Parisien privilégié peut-il s'exprimer sur les problèmes de la « France profonde » (ce qui est profond n'est par définition pas superficiel) ? C'est donc que, selon ce matérialisme intégral voire intégriste, on ne peut pas s'arracher à son origine. Il y a, voyez-vous, une différence colossale entre noter qu'il existe une conscience de classe et considérer que l'on ne peut se détacher de sa conscience de classe. Ce n'est pas une nuance mais une rupture entre une observation « positive » et un jugement « normatif ». Macron a été banquier et je suis un Parisien né à Paris, mais Pic de la Mirandole, Rousseau et Sartre nous ont expliqué ce qu'« être humain » signifie. Ils nous ont expliqué que ce qui distingue l'animal de l'homme, c'est l'incapacité du premier à se détacher de ses instincts alors que le second est libre. L'existence de l'homme prend le pas sur son essence. La marque des grands intellectuels n'est-elle pas de délivrer une pensée universelle, peu importe qu'elle soit en contradiction avec leurs origines ? Tocqueville a expliqué l'irrésistible montée de la démocratie en aristocrate nostalgique, comme le prince Salina dans *Le Guépard* comprend que le monde change et que la bourgeoisie emporte le pouvoir détenu par la noblesse. Schumpeter a prophétisé la fin du capitalisme dans la mesure où ce système libéral qu'il aime accouche d'une classe d'intellectuels anticapitalistes qui peut convaincre le peuple de la supériorité supposée du socialisme.

L'intellectuel digne de ce nom, à l'instar de Tocqueville ou Schumpeter, est kantien et fait mentir le déterminisme marxiste intégral. Dans la *Critique de la faculté de juger*, Kant énonce les principes à respecter pour penser correctement. D'abord, il faut penser par soi-même, c'est-à-dire user de son propre « entendement » pour échapper aux préjugés venus de l'extérieur. Ensuite, il est nécessaire de penser en accord avec soi-même, ce qui renvoie à l'idée de cohérence (Kant parle de pensée « conséquente »). Ce n'est pas toujours simple quand on s'adresse à des publics différents et aux intérêts difficiles à concilier. La troisième maxime nécessaire pour penser correctement est la « pensée élargie ». Kant explique que celui qui veut développer une pensée universelle n'a d'autre choix que de se placer du point de vue d'autrui. Ce décentrage rend possible d'envisager un même phénomène autrement, ce qui permet au sens propre d'élargir sa pensée. Plus la pensée est large, plus elle se rapproche de l'universel. Le marxisme de comptoir nous dénie cette capacité à penser correctement. Il fait de nous des « hommes diminués ». On sous-estime les implications terrifiantes du polylogisme : si seul le pauvre peut parler au nom des pauvres, cela signifie bien que les pauvres et les riches pensent chacun à leur manière ? Ce qui vaut pour les pauvres vaudrait aussi pour les Noirs et les juifs ? Le marxisme modéré est un couteau suisse, le polylogisme marxiste intégral assassine l'unité humaine et conduit au racisme et à l'antisémitisme. Je suis un homme, je pense, je travaille, je réfléchis, je confronte mes analyses à la réalité, les faits aux théories. C'est sur cet autel que l'on doit juger ma réflexion, pas sur mes gènes ni sur ma classe sociale. La démocratie a besoin de Popper, mais s'accommode mal du marxisme intégriste.

Ce débat est ancien comme les discussions de salon, mais il est nécessaire de le remettre sans cesse au goût du jour, surtout en cette période de relativisme où les Français pensent que tout se vaut et ne savent plus à quelle doctrine et à quels intellectuels s'en remettre. Lisez si ce n'est déjà fait les magnifiques charges de Proust contre Sainte-Beuve[1]. Le critique avait développé une méthode d'analyse littéraire généalogique, faisant de la biographie de l'écrivain le fondement de l'explication et du jugement de son œuvre. Comment la vie explique l'œuvre (biographisme) ? Quelles étaient les intentions de l'auteur (intentionnisme) ? Proust est un Karl Popper littéraire. Peu lui importe que l'écrivain soit homosexuel, juif, jeune, vieux ou en conflit avec ses parents. Seule compte l'analyse directe de l'œuvre. Proust ne s'attache qu'à la beauté d'un texte. Il développe un argument qui frappe au cœur ceux qui écrivent des livres : la vérité de l'homme se reflète moins dans ses paroles, l'intérieur de sa maison ou son entourage proche, que dans l'écriture, le seul

1. Marcel Proust, *Contre Sainte-Beuve*, Gallimard, 1987.

moment de solitude absolue, de face-à-face total avec soi-même, qui fait rejaillir les profondeurs de l'âme sur la page. Plus prosaïque mais efficace, Popper n'examine que l'adéquation de la théorie à la réalité.

La pulsion révolutionnaire ou l'« homme providentiel »

Si le débat rationnel disparaît, c'est notamment parce que les Français délèguent la raison à une entité supérieure, l'homme providentiel, l'une de nos spécificités au même titre que la diversité des paysages et des fromages. La IIIe République a d'ailleurs réinterprété l'histoire par ce prisme qui personnalise notre passé à outrance : Clovis a « créé » la France ; Jean d'Arc l'a « sauvée » ; Henri IV l'a « réconciliée » ; Bonaparte l'a « glorifiée », au moins au début. De Gaulle l'a « sauvée » deux fois, lui, réussissant un magnifique coup double Seconde Guerre mondiale-guerre d'Algérie. François Mitterrand, plus modestement, a « uni la gauche ». Enfin j'entendais récemment Henri Guaino – qui, par ailleurs, fait souffler un vent frais bienvenu dans nos débats politiques – déclamer que « Nicolas Sarkozy avait sauvé la démocratie ». Il faut donc en conclure que, si ces personnes estimables étaient restées au stade d'ovule ou de spermatozoïde, nous serions barbares, anglais, allemands, esclaves... Il faut reconnaître que ces hommes providentiels ont su jouer de la rhétorique, de Pétain : « Je fais à la France le don de ma personne pour atténuer son malheur », à de Gaulle (« le plus illustre de tous les Français », selon René Coty) : « Je convie tous les Français à s'unir avec moi dans l'action, dans le sacrifice et dans l'espérance[1]. » Nicolas Sarkozy s'était exclamé dans une langue peu proustienne : « La croissance, j'irai la chercher avec les dents. » Merci aux géniteurs de tous ces illustres qui ont permis de faire en sorte qu'il existe une démocratie libérale riche, un phare dans le monde. Comme le dit Jean Garrigues, « l'homme providentiel est un personnage qui apparaît dans les périodes de crises, et qui se présente comme le sauveur ultime chargé d'une sorte de mission historique ou divine, à savoir résoudre d'un coup de baguette magique tous les problèmes qui se posent à la société à un moment donné[2] ». Sauveur, mission divine, baguette magique, on ne saurait mieux dire. Cette canonisation du potentiel sauveur met d'ailleurs par principe sur un piédestal le personnel politique qui

1. Je n'ose pas critiquer de Gaulle puisqu'en France ce n'est pas un homme providentiel mais un dieu. C'est une chose d'admirer l'homme du 18 Juin et de lui vouer une gratitude sans limites, c'en est une autre de le canoniser au point de ne plus prononcer son prénom, visiblement réservé aux hommes d'ici-bas mais pas aux divinités. Les Français parlent du « général de Gaulle » et les Anglo-Saxons, qui ne peuvent comprendre la déification d'une personnalité politique, de « Charles de Gaulle » comme de « Winston Churchill ».

2. Jean Garrigues, *Les Hommes providentiels, histoire d'une fascination française*, Seuil, 2012.

fait l'objet d'une curieuse dialectique amour/haine. Ainsi, les Français n'aiment pas leur classe politique tout en la considérant comme une entité supérieure.

Cette manie d'attendre l'homme providentiel (peut-il s'agir d'une femme ?) appauvrit considérablement nos débats en les déplaçant vers les qualités supposées des personnes et non sur les idées. Ainsi, on devine que ce personnage divin doit être charismatique, sage, intelligent et proche des gens. C'est ce qui permet à ceux qui réunissent ces caractéristiques d'être populaires sans qu'on sache bien ce qu'ils pensent. Mais comme c'est secondaire… Combien de fois la rumeur populaire nous souffle-t-elle : il ne peut pas être président, il n'est pas charismatique ? Évidemment, on comprend qu'un président doit pouvoir expliquer son action et emporter l'adhésion du peuple. Mais enfin on pourrait imaginer que le charisme soit une qualité secondaire. Je connais beaucoup de dirigeants européens, en Espagne, en Suisse, au Portugal, qui sans doute manquent de charisme au sens où les Français l'entendent. Mais ils font le métier, sont raisonnablement populaires et sont parfois même réélus. L'homme providentiel, sage, doit avoir été marqué par les épreuves de la vie, ce qui suggère qu'il ait un certain âge. Cela aurait disqualifié Matteo Renzi, David Cameron, Barack Obama ou même Angela Merkel, devenue pour la première fois chancelière à l'âge de 51 ans. Aujourd'hui, Alain Juppé correspond parfaitement à l'archétype défini par la conscience politique française. On peut penser que sa popularité émane autant de ces caractéristiques que du fait qu'il est européen, raisonnablement libéral, rétif aux alliances avec des extrêmes, des idées qui, à titre personnel, me le rendent sympathique, mais dont j'ai peur qu'elles portent peu. L'opinion publique pense plutôt : ses caractéristiques personnelles doivent signifier que ses idées sont les bonnes. Ce qui pourrait le disqualifier auprès des électeurs de droite est qu'il semble « moins énergique » que Nicolas Sarkozy. Le souci majeur avec l'homme providentiel, c'est qu'il ne vienne pas, ou que, à l'image de Nicolas Sarkozy, il ne se révèle à l'usage moins providentiel que prévu.

L'homme providentiel est une paresse populaire. C'est une « délégation de la raison individuelle » qui aboutit à son abdication. Nous sommes guidés faute de nous guider nous-mêmes. D'un côté on critique les politiques, de l'autre on attend tout d'eux, ce qui nous condamne à la déception et à la frustration permanente, mais nous rassure. Si la France s'enlise, c'est que nous n'avons pas encore placé à la tête de l'État la personne idoine. Celle-là, le jour où elle apparaîtra en plein soleil, devra rattraper tout le temps perdu et, si cela doit passer par une révolution, il y aura une révolution. N'est-ce pas dans l'ADN de la France, après tout, de faire avancer l'histoire comme un moteur à explosion, par à-coups ? Et puis la France révolutionnaire, c'est le phare du monde, un exemple de liberté ! Oui, sauf que si la liberté peut vaincre sans la guillotine, c'est mieux. Edgard Faure avait coutume de dire que la France est toujours en avance d'une révolution car en retard d'une réforme. C'est drôle (Faure l'était souvent) et profond (il ne l'était pas toujours). Car le grand drame de la France, c'est, à la grande différence de l'Allemagne ou des pays scandinaves, d'être incapable de nommer clairement les problèmes et de se réformer dans le consensus. La centralisation historique du pays et la faiblesse réelle des syndicats empêchent les institutions de se mouvoir en douceur. C'est pourquoi, en France, les moments libéraux sont des révolutions (1789) ou des coups d'État (le Second Empire, de Gaulle en 1958). On s'en remet aux mains du libérateur. La masse, elle, suit sans broncher.

L'autre politique

La fuite dans la passion romantique fait des vainqueurs : les extrémismes politiques et religieux. Tous ne sont pas de la même nature. Ainsi, l'extrême gauche n'est-elle pas obsédée par l'immigration comme l'est l'extrême droite et elle est peut-être, au moins en apparence, moins nationaliste. Mais il existe un trait d'union entre les extrêmes : plus encore que les partis traditionnels, leur succès s'appuie sur les passions démocratiques. Déjà Machiavel conseillait au Prince de jouer des peurs et jalousies pour asseoir son pouvoir. La droite et la gauche ne s'en privent pas. Je n'oublie pas que c'est un gouvernement de droite qui a accepté la constitutionnalisation du principe de précaution, situation unique dans le monde à l'exception de l'Équateur, bazooka politicien qui flatte les Français en inscrivant dans la Constitution la plus haute des normes juridiques d'une démocratie : vous avez raison d'avoir peur de l'avenir. Jacques Chirac est un vieil homme sympathique et malade. Mais la raison commande de se rappeler qu'il n'hésita pas à border les Français sous leur couette au lieu de leur proposer de se lever. Ses douze années de pouvoir auront finalement peu servi l'intérêt de notre pays. Le parti socialiste n'est pas en reste, qui pique une crise de nerfs dès que l'on commence à poser sérieusement la question de la fiscalité des hauts revenus ou des patrimoines élevés. La droite utilise souvent la peur. La gauche la jalousie. Cela ne nous mène pas loin.

Mais les extrémismes ont un attribut : ils sortent complètement du champ de la raison en s'appuyant en totalité sur les passions des uns et des autres. La meilleure façon de le constater est d'observer que leur programme ne propose pas la gestion ou l'utilisation des contraintes extérieures que sont la mondialisation, l'Europe ou les marchés, mais la levée de ces contraintes. Les Républicains et le parti socialiste vous disent : vous avez raison de craindre la loi de la gravité. L'extrême droite et l'extrême gauche vous disent : vous avez raison de craindre la loi de la gravité, c'est pourquoi nous allons la supprimer. Ne vous inquiétez pas, chers amis, nos maux ne viennent pas de vous, pas de nous, mais des autres. L'euro ? Nous en sortirons. La mondialisation ? Nous érigerons des barrières protectionnistes. Les marchés ? Nous allons mettre fin au pouvoir de la finance. La dette publique ? Nous ne la rembourserons pas ! L'immigration ? Nous y mettrons fin. Certains naïfs se sont émus que Syriza, arrivé en tête des élections grecques de janvier 2015, forme une coalition gouvernementale avec un parti de la droite nationaliste qui plus est homophobe. Où est l'incohérence ? Nous voilà au contraire avec un gouvernement bien plus homogène que si Syriza avait tenté de gouverner avec la gauche modérée (mais médiocre) du Pasok.

Le « nationalisme décroissant »

Il est à craindre pour nous, les modérés, que les extrêmes connaissent leur âge d'or, surtout là où la raison se dilue. À ce titre, l'extrême droite semble, si l'on peut dire, mieux placée que l'extrême gauche car son programme est cohérent. Si l'on fait abstraction de ses prémisses, fausses, et de l'impossibilité de lever toutes les contraintes évoquées, sa force logique fait sa force électorale et son appel au passé rassure. Les périodes de mutations économiques et sociales suscitent la recherche de la protection. D'ailleurs, l'extrême droite est un problème dans l'ensemble des pays développés, l'Allemagne constituant encore l'exception dont il est, pour des raisons historiques évidentes, impossible de tirer des enseignements généraux. Les « manipulateurs de symboles[1] », qui sont les gagnants de la mutation à l'œuvre, sont ceux que les populistes d'extrême droite appellent les « élites mondialisées ». Les perdants sont les ouvriers, les petits commerçants, certains patrons de PME des secteurs « traditionnels » (dans l'industrie surtout) ou la grande masse des fonctionnaires qui doit changer sa façon de travailler au risque d'être mise au ban de cette nouvelle économie. Plus : comme l'avait parfaitement démontré l'historien français Fernand Braudel, les grandes vagues d'innovation comme celle des NBPIC sont historiquement simultanées à un déplacement du barycentre de « l'économie-monde », aujourd'hui de l'Ouest vers l'Est. En effet, ce qu'on appelle trop rapidement « mondialisation » est avant tout une perte de pouvoir économique de l'Occident au profit de l'Asie émergente, Chine en tête. Cet immense changement n'entraîne pas forcément du chômage. C'est le cas des pays dans lesquels le marché du travail dysfonctionne comme la France, mais l'Autriche, l'Allemagne, Israël ou la Suisse, bien que soumis à ces mouvements comme les autres, restent, eux, au plein-emploi. En revanche, tous les pays développés sans exception sont soumis à une transformation structurelle de leur économie, en réalité de la société

1. Le sociologue américain Robert Reich appelle « manipulateurs de symboles » les individus capables de sélectionner les informations pertinentes, les synthétiser, les restituer, et expliquer à leurs interlocuteurs en quoi et comment elles peuvent leur être utiles.

tout entière, transformation nécessairement inconfortable quand on a été habitué pendant cinquante ans à la chaude couverture de l'État-providence et de l'hyper-puissance occidentale. La conséquence matérielle la plus immédiate réside dans la diminution de la taille de la classe moyenne, phénomène qui touche tous les pays développés : les individus qui savent profiter de cette période s'enrichissent considérablement alors que ceux qui ne veulent ou ne peuvent pas s'adapter risquent le déclassement, d'où un terrible sentiment d'anxiété validé par l'augmentation des inégalités[1].

La force de l'extrême droite, c'est de proposer quelque chose à cette vaste partie de la population qui, pendant cette phase de mutation, pourrait faire les frais de ces immenses changements. Son obsession antimondialiste (dont le rejet de l'Europe n'est qu'un avatar), se traduisant par une critique systématique du libre-échange, tape sur un point sensible. Le programme de l'extrême droite est réactionnaire, mais cohérent. Pour elle, nos maux – chômage, insécurité, pauvreté – ont essentiellement pour source la mondialisation (dont l'immigration est une composante). Et il est vrai que l'instauration d'un protectionnisme européen voire français, si jamais il était possible de le mettre en œuvre, constituerait un réducteur d'inégalités. Mais cette politique très difficile à implémenter,

1. J'ai développé cette analyse dans *Le Chagrin des classes moyennes*, JC Lattès, 2011.

car elle demanderait l'accord de 28 pays, ne serait justifiable que si l'on accepte d'en payer le prix : un appauvrissement généralisé lié à l'augmentation du prix des produits importés (ce sont les consommateurs et les entreprises qui paient les droits de douane) et une forte contraction des débouchés qui s'offrent à nos entreprises. En effet, il est naïf de penser que le protectionnisme ne réduit que les importations. Les mesures de rétorsion adoptées par les pays tiers se traduisent aussi par une diminution des exportations. Finalement, le protectionnisme est un nationalisme (et non un patriotisme) qui génère l'autarcie. L'économie se contracte, et tout finit par se réduire : la croissance, les profits, les salaires, les investissements... On n'est pas très loin des effets de la décroissance, délétères pour le corps social. Mais c'est vrai, le protectionnisme affaiblit les pressions concurrentielles et n'incite pas les entreprises à incorporer dans leur processus de production des nouveaux procédés technologiques. Il freine le processus de « destruction-créatrice ». L'extrême droite propose la régression, mais la régression dans une plus grande égalité. Et dans un pays où l'on se méfie plus qu'ailleurs du marché (dont la mondialisation est la traduction à l'échelle de la planète), ces thèses reçoivent une forte audience, surtout quand les partis du centre droit et du centre gauche abandonnent le champ des idées et sont incapables de proposer une alternative. C'est bien là le plus urgent : reconstruire un discours économique et social schumpétérien (qui permette la croissance économique) et humaniste (qui ne laisse personne su min). Mais il faut le faire urgemment ca les années 1930, les extrêmes droites e sont en train de gagner un leadership intelle qui est triste vu la vacuité de leur pensée.

Perçoit-on combien l'abdication de la raison individuelle démocratique est malsaine ? La réforme des institutions est un processus qui doit être collectif. C'est le résultat d'un débat continu entre les sachants, qui informent le peuple des avancées des sciences sociales, et l'opinion, qui choisit en connaissance les objectifs finaux et quels politiques possèdent le mieux l'art et la manière. La réforme est un processus ascendant qui prend corps dans la société civile, fait l'objet de débats raisonnés et monte le long des institutions jusqu'à arriver au gouvernement et aux parlements, lesquels traduisent la volonté éclairée des peuples en lois et en règlements ou en suppression de lois et de règlements. Dans la France d'aujourd'hui, l'opinion se complaît dans des débats approximatifs où tout se vaut, ce qui laisse le champ libre à l'homme providentiel pour donner cours à ses idées, parfois bonnes, parfois mauvaises. C'est que, dans notre doux pays, l'avis du bistrotier vaut celui du scientifique, celui de l'étudiant comme du professeur. Étienne Klein raconte dans un merveilleux petit livre[1] cette anecdote éclairante. Il termine devant un amphithéâtre de

1. Étienne Klein, *Allons-nous liquider la science ? Galilée et les Indiens*, Flammarion, 2008.

0 étudiants un calcul de relativité restreinte quand n jeune homme demande la parole. « Monsieur, personnellement, je ne suis pas d'accord avec Einstein ! » L'ami Étienne l'invite à s'expliquer : « Je ne crois pas à cette dilatation des durées que vous venez de calculer parce que je ne la sens pas. » Klein raconte qu'il reçoit chaque année des dizaines de lettres développant la fausseté de la théorie de la relativité ou de la physique quantique, comme les paléontologues reçoivent des réfutations de la théorie darwinienne. Si ces remises en cause sont légion dans les sciences dures, imaginez dans les sciences sociales et plaignez-moi. Je ne compte pas les missives qui me signalent que les statistiques que j'utilise sont « fausses », « manipulées par le gouvernement » ou encore « qu'on peut leur faire dire ce qu'on veut ». Le démographe Hervé Le Bras raconte souvent un débat télévisuel sur l'immigration qui l'opposa à Marine Le Pen, laquelle, à court d'arguments, lui répondit : « Monsieur Le Bras, on n'en peut plus de vos statistiques ! » Bel exemple de refoulement/passion. Et quelle erreur ! Car dans les domaines qui nous font du souci, comme l'économie, la démographie ou l'éducation, les sciences sociales réalisent des progrès extraordinaires permettant aux opinions publiques éclairées d'exiger de leurs gouvernements des *evidence based policies*. Et je rêve que la France, comprenant cela, applique ce qui marche, et redevienne ce pays prospère où il fait bon vivre.

La politique des évidences

J'enrage et parfois j'ai mal au ventre. Je ressens des spasmes qui ne se calment qu'avec l'endormissement. Je ne voudrais pas quitter la France. Non « parce que ce pays m'a tant donné ». Il y a une limite à la niaiserie. Mes parents m'ont beaucoup donné. Ils ont veillé à me léguer leur culture et à faire en sorte que je profite d'une éducation de qualité. Les contribuables français ont beaucoup donné afin que je bénéficie d'une école gratuite, d'une santé peu coûteuse et d'infrastructures de qualité. Mais je ne déteste rien tant que le nationalisme et, bien que j'apprécie la culture française, les paysages, les relations amicales et les filles (« ah, que les Françaises sont jolies », dit la publicité, et c'est vrai), je ne pense pas que la France soit supérieure au Danemark, au Portugal ou au Royaume-Uni. Dans ces pays comme dans d'autres, je suis certain que je vivrais avec bonheur. Néanmoins, bien que revendiquant une forme d'universalisme, j'aimerais continuer de passer une grande partie de mon temps ici, en France. Mais cela sera-t-il possible étant donné les conséquences probables du grand refoulement ? Cela sera-t-il possible si la qualité du débat se réduit à un point tel que nous n'entendrons plus que les inepties d'extrême gauche et les colères brutales et sans issue de l'extrême droite ? La timide voie de la modération rationnelle sera-t-elle encore audible, écrasée par le tsunami du grand n'importe quoi ?

Ce qui me rend malade, c'est que la France pourrait redevenir le pays du bien-vivre, une Hollande en grand, une Autriche au bord de la mer et de l'océan, une Angleterre modérée, une Suisse décontractée. La France dispose de toutes les qualités pour redevenir ce pays en moins de dix ans et retrouver sa place de phare. Plus : le fabuleux développement des sciences sociales ces vingt dernières années nous donne le guide pour régler rapidement nos difficultés les plus saillantes. Oh, certains problèmes présentés comme des drames sont des peccadilles. Ainsi en est-il de la lancinante « réforme des retraites » qui revient avec son rythme régulier et ses débats enfantins qui virent au masochisme. Les gouvernements français successifs donnent raison à la moquerie de l'économiste français Frédéric Bastiat qui écrivait en 1840 : « Mon pauvre chien, je dois te couper la queue, mais pour que tu souffres moins, je t'en couperai un petit bout chaque jour. » La réforme des retraites est pour l'essentiel paramétrique et tient en trois chiffres : 44 – 64 – 2024. La durée moyenne de cotisation doit monter à 44 ans, l'âge légal de départ en retraite à taux plein à 64 ans, et la réforme doit être pleinement opérationnelle en

2024. On n'entendra alors plus parler de déficit pendant longtemps. Quel soulagement ! Évidemment, ces chiffres moyens ne doivent pas empêcher d'être équitables au regard des différences d'espérance de vie selon les professions : un ouvrier du bâtiment doit partir en retraite peu après 60 ans et un professeur des universités autour de 70 ans. Évidemment aussi, il ne servirait à rien de faire d'un retraité de 2020 un chômeur d'aujourd'hui. C'est la question de la réforme du marché du travail, indissociable de celle des retraites, nous y reviendrons. Le message important, c'est que la question des retraites, en France, aurait dû être réglée depuis longtemps, afin de faire place nette à des débats plus complexes et plus intéressants.

Cela dit, sur la question des retraites, l'opinion publique est mûre. Il faut dire que ce n'est pas difficile de comprendre que l'allongement extraordinaire de l'espérance de vie à la naissance impose de travailler un peu plus longtemps. Ceux qui refusent de comprendre le font exprès. *Exit*, donc, la réforme des retraites, et parlons d'autre chose : le chômage et l'éducation, par exemple, qui ne sont pas des sujets indépendants. Le savez-vous ? Revenir au plein-emploi est facile. Construire un système éducatif de qualité est faisable. Et en peu de temps. Comment ? En suivant les conseils de ceux qui savent, qui ont travaillé, échangé, comparé. En faisant comme dans ces pays où les politiques publiques suivent le principe de l'*evidence based policy* et non de l'*emotion based policy*.

Pour sortir de la dépression, regardez la réalité en face. Elle est plus prometteuse que vous ne pensez.

L'économie est une science

« L'économie n'est pas une science. » Voilà encore un lieu commun contre lequel il faut sans cesse se battre. Je l'entends quasiment tous les jours et pas seulement en France. En France plus souvent qu'ailleurs néanmoins, car notre pays étatiste est terriblement rassuré par cette idée selon laquelle tout se vaut dans les sciences sociales. Si le qualificatif « scientifique » est usurpé, le politique peut occuper toute la place disponible et la vie sociale n'est plus que politique, c'est-à-dire déterminée par des choix démocratiques. Comme si les physiciens ignoraient la loi de la gravité, une majorité pourrait voter pour qu'un corps lâché dans les airs tombe vers le bas, l'autre pour qu'il s'envole vers le ciel. Mais la vie réelle ne fonctionne pas comme cela. La science économique est bien une science, au sens étymologique du terme qui renvoie à la « connaissance ». Dans le domaine économique, il y a des choses que l'on sait précisément, certaines que l'on connaît plus ou moins bien, et il y a aussi des choses que l'on ne sait pas encore. C'est une science « molle » (quelle expression désagréable à prononcer et à écrire, au passage), mais c'est une science. L'économie a ses règles et je déconseille de ne pas les suivre, comme je déconseille de sauter du balcon du 6e étage sous prétexte que la loi de la gravité pourrait être libérale. Ainsi Cécile Duflot a-t-elle tenté après l'élection présidentielle de 2012 de contrarier les résultats les mieux établis de la science économique dans le cadre d'une loi sur le logement nommée « Loi ALUR ». Mal lui en a pris et surtout mal en a pris aux Français de voter pour un programme dans lequel figurait le contrôle des loyers. En économie, les conséquences du blocage des prix sont aussi bien connues que la loi de la relativité en physique. Tous les étudiants de première année d'économie savent que le blocage des prix en deçà du prix d'équilibre, c'est-à-dire du prix qui s'établit naturellement en fonction de l'offre et de la demande, entraîne un effet contraire à celui recherché : il diminue l'offre du bien ou du service en question et conduit au surgissement d'un marché noir sur lequel le prix est plus haut que sur le marché légal. Sur le marché légal, l'offre chute sous la demande, ce qui génère un phénomène de file d'attente. Ainsi, bloquer les prix des loyers dans les grandes villes a deux effets certains : l'apparition d'un marché de la sous-location de luxe où les riches iront s'approvisionner ; un allongement des files d'attente sur le marché légal, lequel concentrera les biens de mauvaise qualité destinés aux personnes modestes. La loi ALUR est donc inefficace et antisociale. Voilà ce que la science économique la plus simple nous enseigne depuis la fin du XIXe siècle. Voilà à quoi conduit de penser que l'économie est en totalité une affaire de politique.

Mais si c'est vrai, me dit la rumeur étatiste française, cela signifie que la démocratie n'est d'aucune utilité ! Pourquoi voter si l'économie envahit tout ? Je reviens aux lois physiques les plus évidentes. La loi de la gravité ne vous empêche pas de vous déplacer, vers le haut, vers le bas ou latéralement, vers la droite ou la gauche. L'espace des choix n'est pas réduit au fait de tomber au sol. Simplement, si vous souhaitez voler, il vous faudra créer de la « portance », c'est-à-dire monter dans un engin avec des ailes et qui prend de la vitesse. C'est le principe de l'avion. Il est parfaitement louable pour un gouvernement, et même à mon sens indispensable, d'inscrire comme objectif dans un programme la baisse des loyers dans les grandes agglomérations. Mais le seul moyen pour y parvenir est d'augmenter l'offre de logements à louer, c'est-à-dire de construire plus ou de diminuer les contraintes et/ou la fiscalité qui pèsent sur les bailleurs. L'éventail des choix politiques reste large et la démocratie plus vivante que jamais.

« Si l'économie était une science, tous les économistes seraient d'accord, ce qui n'est pas le cas. » Autre sophisme, autre fantasme. Ce serait tellement confortable, dans le climat de paresse intellectuelle ambiant, de pouvoir se dire que seuls les avis comptent. La réalité est autre. Depuis Aristote, qui fut à mon sens le premier économiste, c'est-à-dire le premier intellectuel à développer une pensée systématique sur la question de la valeur et du commerce, la discipline a accumulé un corpus partagé par quasiment tous les membres de la profession. Ainsi, personne ne remet en cause la loi de l'offre et de la demande, et les questions relatives au marché du travail et à la croissance font l'objet d'un large consensus. Si cela ne semble pas être le cas, c'est pour plusieurs raisons qui ne contestent pas le caractère scientifique de l'analyse économique :

— L'économie est une science « molle » et non pas « dure ». Elle délivre des résultats qualitativement certains (par exemple : la loi ALUR va entraîner une baisse de l'offre de logements sur le marché légal), mais quantitativement indéterminés (dans quelle mesure la pénurie de logements va s'intensifier après la promulgation de la loi ALUR, et à partir de quand précisément ? La science ne tranche pas ce point qui est laissé aux appréciations, différentes, des économistes). Ainsi, le FMI et son brillant ancien économiste en chef Olivier Blanchard ont-ils reconnu que les experts du fonds avaient sous-estimé l'impact négatif sur la croissance et l'emploi des politiques de réduction des déficits publics dans les pays d'Europe du Sud. Tous les économistes savaient que, à court terme, ces politiques auraient des conséquences défavorables sur l'activité (c'est du domaine de la science). Mais chacun avait son idée sur l'ampleur de ces conséquences (c'est du domaine de l'appréciation et partiellement de l'intuition).

— On demande aux économistes de prévoir, mais la prévision de relève pas de la science pour une raison fondamentale : l'avenir est imprévisible. Un économiste peut dire « toutes choses égales par ailleurs, si nous faisons cela, la conséquence sera celle-ci », mais pas « l'année prochaine, la croissance de la France sera de X,X % ».

— Les statistiques en économie et, plus généralement, en sciences sociales sont moins fiables et précises que dans les sciences dures. Une circonférence est une circonférence, une vitesse est une vitesse. Un produit intérieur brut, en revanche, est une construction intellectuelle en soi contestable et qui pose de colossales difficultés pratiques de mesures. En outre, en économie, la profession de statisticien est beaucoup moins valorisée que celle de théoricien, ce qui est moins vrai dans les sciences dures.

— Il existe en économie comme dans toutes les disciplines une contre-culture. Certains climatologues contestent les travaux du GIEC[1] ; certains médecins croient aux vertus de l'homéopathie ; certains économistes français sont « atterrés » et remettent en cause, par exemple, les travaux du prix Nobel d'économie Jean Tirole sur la flexibilité du marché du travail. Ces débats existent dans chaque science et sont parfaitement légitimes. Ils semblent d'ailleurs plus violents dans les sciences dures qu'en sciences sociales. Lorsque j'étais membre du Conseil d'analyse de la société auprès du Premier ministre, j'ai assisté à des querelles entre climatologues d'une violence inouïe, où les noms d'oiseaux volaient et les procès en légitimité s'instruisaient dans un climat de quasi-terreur.

1. Groupe d'experts intergouvernemental sur l'évolution du climat.

Les sciences sociales sont des sciences, ce qui dérange le citoyen-électeur paresseux et qui contraint le politique « volontariste[1] ». Mais pour le bien-être de la société, la connaissance vaut mieux que l'ignorance. Elle demande un effort, mais dont la récompense réside dans l'amélioration du sort des humains. Et en France, il y a beaucoup à faire.

La révolution des données

Il y a tant à savoir et à comprendre pour agir ! Nous connaissons tellement de choses. Cela aussi me rend malade : ces acquis dormants, inutilisés parce que l'opinion publique n'a pas conscience de leur existence, qu'elle l'ignore ou qu'elle ne veut pas la voir car elle dérangerait nos certitudes. Les économistes et chercheurs de toutes disciplines ont beaucoup réfléchi sur les maux qui rongent les sociétés développées, dans les domaines de l'emploi et de la pauvreté, dans l'éducation, la santé, la fiscalité. Sur l'emploi ou l'éducation, notre science est immense !

---

1. La connotation du terme « volontarisme » est positive en France, surtout quand il qualifie un caractère politique. Néanmoins, le *Larousse* en donne la définition suivante : « Doctrine qui affirme la supériorité de la volonté sur la raison. » Dans *Philosophie de la volonté* en 1949, Ricœur le définit comme « Doctrine accordant la prééminence aux fonctions volontaires de l'individu, fonctions affective et active, notamment par rapport à l'intelligence et au jugement ».

En revanche, personne n'a réussi à définir ce que serait le système de santé parfait, celui qui concilie efficacité, équité, qualité des soins et soutien à la filière médicale. Le sujet est passionnant, l'effort intellectuel à fournir est considérable. Soyons honnêtes, nous n'avons pas encore trouvé. L'immigration et l'intégration sont aussi des sujets sur lesquels nous sommes loin d'être omniscients : existe-t-il un niveau « optimal » d'immigration ? Sans doute pas. L'immigration « choisie » est-elle possible et souhaitable ? Rien n'est moins sûr. Peut-on « assimiler » des immigrés ? Les avis divergent. Mais dans d'autres domaines, nous y sommes et nous avons été considérablement aidés par les progrès étonnants qui ont été réalisés dans la mesure des phénomènes sociaux. C'est notamment à une véritable révolution des données et de leur analyse que nous avons assisté.

Dans les années 1980, l'économétrie (la statistique appliquée à la mesure des phénomènes économiques) s'est considérablement développée dans la ligne des principes empiristes énoncés par Pascal au siècle des Lumières. Il s'agissait d'identifier et de quantifier les origines d'un phénomène à expliquer. Ainsi, la méthode dite de la « régression temporelle » permet de mesurer la part des causes de l'insécurité ou du chômage pendant une période donnée et dans un périmètre géographique circonscrit. La « régression en coupe » est à l'inverse intemporelle. Il s'agit par exemple de rassembler une centaine de pays et d'apprécier dans quelle mesure les budgets affectés à l'Éducation réduisent la pauvreté. Cela dit, même dans le cas heureux où l'équation économétrique renvoie une corrélation positive, le sens de la causalité reste indéterminé. C'est pourquoi les économistes utilisent, par exemple, des tests dits « de Granger » qui donnent une indication statistique sur le sens de la causalité. L'économétrie n'est pas infaillible et a fait l'objet de beaucoup de critiques justifiées. Ainsi, les résultats obtenus le sont toujours dans un contexte précis et auraient pu être différents dans un environnement différent. Rien ne remplace la réflexion et le bon sens, mais les progrès de l'économétrie ont constitué un appui extraordinaire à la recherche dans les sciences sociales.

Une haute marche a été montée avec la généralisation des « expériences naturelles » et encore plus des « expériences contrôlées ». La philosophie des « expériences naturelles » est simple : il s'agit d'identifier deux groupes d'individus comparables qui subissent des politiques différentes. Celui sur lequel est appliquée la politique est le « groupe test », l'autre est le « groupe témoin » ou « groupe de contrôle ». Par comparaison des groupes, il est possible d'isoler l'impact de la politique étudiée. En France, nombre d'études ont été réalisées en Alsace puisque cette région bénéficie dans de nombreux domaines de politiques qui lui sont propres. En confrontant le comportement spécifique d'un groupe d'Alsaciens à un groupe de non-Alsaciens comparable (avec un niveau de revenu, de patrimoine, d'éducation, d'âge, de santé… homogène), on peut faire progresser la connaissance des politiques publiques françaises. Cependant, cette méthode est contraignante puisque l'on est par construction limité à l'« expérience naturelle » qui ne correspond pas toujours à ce que l'on souhaite étudier. En pratique, il est en outre difficile de s'assurer de la totale homogénéité des groupes tests et des groupes témoins. C'est pourquoi certains chercheurs ont réussi à se rapprocher de ce que peuvent pratiquer les sciences dures : l'expérience contrôlée. L'une des pionnières de cette méthode est la Française Esther Duflo du MIT de Cambridge, aux États-Unis, qui illustre le triste fait qu'on n'est pas toujours prophète en son propre pays. Avec l'économiste indien Abhijit Banerjee, elle a créé en 2003 le Abdul Latif Jameel Poverty Action Lab, une fondation dédiée à la réalisation d'expériences contrôlées dans les pays les plus pauvres. La méthode des « expériences contrôlées » présente l'immense avantage pour les chercheurs de ne plus dépendre que de ce que la vraie vie nous propose naturellement. L'une des expériences le plus souvent citée a été menée par Edward Miguel et Michael Kremer[1]. Ces deux économistes ont voulu étudier les effets d'un traitement contre les vers intestinaux sur l'absentéisme à l'école. En Afrique, la moitié des maladies est due à ces vers (et donc à l'absence de latrines modernes) qui entraînent des effets en chaîne sur

1. Voir « Primary School Deworming in Kenya », sur le site povertyactionlab.org

la santé, la présence à l'école et l'intégration sur le marché du travail. Les deux chercheurs ont donc tiré au hasard un groupe d'enfants kenyans (à l'ouest du pays, à proximité de l'immense lac Victoria) et administré à la moitié d'entre deux un médicament à la fois efficace et peu coûteux. Cette simple expérience a permis d'obtenir un résultat inattendu et aux implications colossales pour l'enseignement dans les pays les plus pauvres : le médicament a permis de diminuer d'un quart l'absentéisme dans les classes. Il a freiné la propagation du vers, ce qui a amélioré la santé de la population non traitée. Son impact positif est comparable à celui d'investissements financiers colossaux dans le système éducatif. L'administration de ce traitement est en outre des milliers de fois plus efficace que la distribution de livres. Voilà des résultats puissants qui permettent d'établir des résultats solides et de penser des politiques publiques efficaces voire efficientes (c'est-à-dire efficaces avec des coûts réduits).

Le paradis n'existe pas ici-bas. Les expériences contrôlées sont à la mode (plus à l'étranger qu'en France), suscitent un engouement inégalé et attirent des financements du monde entier. Tant mieux si nous ne sombrons pas dans la joie béate. En toute rigueur, le résultat de ces expérimentations n'est valable que dans le contexte unique où elles ont été menées. Et il ne nous dit rien sur les doses de politiques publiques à administrer : si un financement de 10 euros a fait preuve d'efficacité dans une étude, il n'est pas certain que 1 000 euros soient cent fois plus efficaces. L'histoire de la statistique n'est pas terminée et beaucoup reste à faire pour s'assurer de la validité de ces tests hors de leur contexte. La science continue et, de toute façon, ces expériences ne sont que des outils. Mais quand elles ont été répétées des dizaines de fois, dans des contextes divers, à des échelles différentes, et qu'elles pointent vers les mêmes résultats, elles deviennent des *evidences*. Et des évidences, nous allons en connaître toujours plus grâce à la disponibilité grandissante des *big data*, ces statistiques collectées par les serveurs informatiques, parfois mises à disposition du public (on parle alors d'*open data*), et qui peuvent faire progresser nos savoirs en science sociale de façon exponentielle. Mises au regard de nos connaissances macroéconomiques, ces études nous donnent des indications précieuses sur ce que sont les meilleures politiques publiques. Dans les domaines de l'emploi ou de l'éducation, elles devraient nous dicter ce que nous avons à faire, si nous souhaitons améliorer la qualité de la vie dans notre pays. Mais le souhaitons-nous ? Le souhaitez-vous ?

La France du plein-emploi

À un moment de leur histoire, tous les pays connaissent le drame du chômage. Ni l'Amérique ni l'Europe ne sont immunisées contre ce que tout le monde s'accorde à qualifier de fléau mais qui, au sein de l'opinion publique française, intéresse en réalité peu. C'est d'ailleurs pour cela que la classe politique, qui représente les Français, se penche peu sur ce sujet, au-delà d'effets d'annonce et de politiques d'apparat. En novembre 2014, quelques semaines après avoir reçu son prix Nobel, Jean Tirole a été auditionné par la Commission des affaires économiques du Sénat. Non seulement son audition n'a pas été ouverte à l'ensemble des sénateurs, mais seuls douze élus sur une commission qui en compte trente-neuf s'étaient déplacés. Peut-être ont-ils préféré ne pas entendre les enseignements d'un Français écouté dans le monde entier. Ainsi, évoquant les réformes menées en Suède, en Allemagne, en Australie ou au Canada, Tirole exprime qu'elles sont dépolitisées : « Leur point commun est d'avoir sauvé leur modèle social en faisant des réformes au moment justement où ils affrontaient les plus grandes difficultés économiques. […] Toutes ces réformes ont été menées par des gouvernements socialistes et quand la droite est arrivée au pouvoir, avec l'alternance, elle les a maintenues[1]. »

Tous les pays développés ont donc connu le chômage. C'est pourquoi ce problème a fait, depuis les années 1930 et la naissance des théories keynésiennes, l'objet de travaux de plus en plus précis, portant à la fois sur les causes et sur les manières de traiter le mal. Après pas loin d'un siècle de recherche, nous connaissons aujourd'hui presque tout sur le chômage et la meilleure façon de le combattre. Nous savons beaucoup de choses sur la croissance, mais des zones d'ombres demeurent. Sur la question du chômage, j'ai beau chercher, je ne trouve pas ce que nous ne savons pas.

C'est la raison pour laquelle les pays qui le veulent luttent efficacement contre le chômage. Les Français, les yeux fermés, imaginent que leurs voisins connaissent des problèmes similaires. Qu'il est doux de se dire que les autres n'y arrivent pas non plus. Ouvrez les yeux. D'après les chiffres harmonisés d'Eurostat, en avril 2015, le taux de chômage en France s'élevait à 10,5 % de la population active et continuait de monter. Sur 28 pays de l'Union européenne, 20 obtenaient de meilleures performances que la France. Et, parmi ceux qui faisaient moins bien, la quasi-totalité bénéficiait d'une embellie. Dans 11 pays, le taux de chômage était inférieur ou égal

1. Propos rapportés par *L'Opinion* du 20 novembre 2014.

à 7 % et 3 États membres avaient atteint le plein-emploi : l'Allemagne, l'Autriche qui en outre appartiennent à la zone euro et le Royaume-Uni (auxquels on pourrait ajouter la Suisse qui ne figure pas dans les 28 pays de l'Union européenne et évidemment pas dans la zone euro). Certains pays non européens, mais au niveau de développement comparable à la France, obtiennent aussi de bons résultats : Canada (moins de 7 %), Australie (moins de 7 %), Israël (moins de 6 %), Nouvelle-Zélande (moins de 6 %), Japon (moins de 4 %)...

Bien sûr, quand j'évoque publiquement ces comparaisons, je reçois des torrents de tweets et d'emails vengeurs. Eh quoi ? La Suisse est un petit pays ! L'Allemagne est un grand pays, oui, mais décentralisé ! Au Japon, les salaires sont flexibles ! Le *delirium* atteint son paroxysme quand j'évoque le marché du travail britannique. Visiblement, pour une large partie de l'opinion française (en tout cas la partie qui m'écrit), les Britanniques sont des gens méchants qui tuent sans doute les vieillards et mangent les enfants. Leur plein-emploi ne vaut rien car les travailleurs anglais vivent dans des cartons, meurent de faim et s'éclairent à la chandelle. Depuis *Oliver Twist*, rien n'aurait changé outre-Manche. Affectionnant à titre personnel (pour des raisons musicales) les séjours en Angleterre, notamment dans le Nord désindustrialisé (celui de Liverpool et Manchester), il me semblait que, en dépit d'un phénomène de pauvreté il est vrai persistant, la population se portait de mieux en mieux et n'affichait pas ce syndrome dépressif qui barre le visage de mes compatriotes français. Pour mettre de l'ordre dans mes idées j'ai donc, comme à mon habitude (une mauvaise habitude, dirait-on au comptoir), consulté les statistiques existantes sur le sujet. Déjà, entre 2010 et 2014, le secteur privé a créé plus de 1,5 million d'emplois là où le public en a supprimé 400 000. Cela montre bien qu'emploi public et emploi privé peuvent évoluer en sens contraire contrairement aux vociférations de la gauche radicale. Nous y reviendrons. Ensuite, on ne note pas au Royaume-Uni, et c'est une différence fondamentale avec les États-Unis, de phénomène de découragement des salariés licenciés qui ne reviennent plus sur le marché du travail. De plus, la précarisation de l'emploi est à relativiser. Aujourd'hui, 15 % des emplois britanniques sont indépendants. Mais certains sont très bien payés, comme ceux qui sont occupés par de jeunes seniors qui ne souhaitent partir en retraite que progressivement. Et puis si le salariat est une aliénation, le travail indépendant peut être une libération. Quant aux fameux contrats 0 heure qui laissent à l'employeur le soin de fixer le temps de travail (qui peut donc être très faible), ils concernent moins de 700 000 personnes, soit à peine 2,5 % des actifs[1]. Le Royaume-Uni reste-

1. Les lecteurs intéressés par l'économie britannique peuvent se référer aux excellents travaux menés par l'Institut de l'entreprise, en particulier par Eudoxe Denis, l'un des rares Français à analyser avec une grande précision la situation outre-Manche.

t-il un pays riche habité par de nombreux travailleurs pauvres ? C'est de moins en moins vrai pour une raison évidente : le principal déterminant de la pauvreté est, justement, le chômage. Ainsi, entre 2007 et 2012, le Royaume-Uni est, avec la Suède, de toute l'Europe, le pays dans lequel l'amélioration des conditions du marché du travail a le plus contribué à la lutte contre la pauvreté.

En France, aujourd'hui, 2,8 millions de personnes recherchent activement un emploi, auxquelles il faut ajouter 1,4 million d'individus n'appartenant pas officiellement à la population active (c'est-à-dire ne recherchant pas activement un emploi), mais déclarant en souhaiter un. Le sous-emploi, c'est-à-dire les individus qui ont un emploi mais voudraient travailler davantage, concerne 1,6 million de personnes. Au total, le chômage au sens large ou, plus précisément, le manque de travail concerne quasiment 6 millions de personnes dans notre pays.

Le chômage français présente d'autres caractéristiques qui renvoient dans leurs cordes les ignorants qui nous expliquent que c'est pire ailleurs[1]. En premier lieu, il ne vous a pas échappé que le chômage français est élevé depuis longtemps. Même quand la croissance est forte, ce qui a été le cas de la fin des années 1990 au début des années 2000, le chômage

1. On trouve une excellente description de cette exception française dans le livre de Bertrand Martinot, *Chômage : inverser la courbe*, Les Belles Lettres, 2013.

semble buter contre un plancher de verre. C'est simplement que notre « chômage structurel », celui qui est lié au fonctionnement du marché du travail mais pas à la conjoncture, est l'un des plus élevés du monde. Il existe pléthore de calculs sur le sujet mais le consensus le situe dans un intervalle de 8 à 9 % de la population active, ce qui représente une immense part de notre chômage total. La France partage cette calamité avec la Belgique et l'Espagne. Le Danemark, les États-Unis, la Suède, l'Allemagne, le Royaume-Uni, les Pays-Bas, le Canada connaissent des taux de chômage structurels inférieurs à 7 %. Cela disqualifie au passage les gesticulations des ultra-keynésiens et autres frondeurs. Ce chômage n'étant pas lié à la conjoncture, vous pouvez relancer ce que vous voulez, distribuer de l'argent public jusqu'à finir de ruiner les futurs contribuables, votre chômage continuera de buter à son niveau structurel. À l'inverse, il est plus simple à diminuer que le chômage conjoncturel puisqu'il suffit de réformer le marché du travail selon une *evidence based policy*, ce qui ne pose pas de souci majeur dans un pays rationnel et de bonne volonté. En deuxième lieu, la part du chômage de longue durée, supérieure à un an, s'élève à France à 40 % du chômage, soit 10 points de plus que la moyenne des pays de l'OCDE. Ce sont des centaines de milliers de personnes qui s'éloignent de l'emploi et qu'il sera de plus en plus coûteux de rapprocher de l'entreprise. Bon, ça n'a pas l'air d'inquiéter grand monde. En troisième lieu, le chômage français est de plus en plus un chômage de sous-qualification, un phénomène qui devrait nous faire honte. Et c'est bien pourquoi Macron avait mille fois raison de poser la question de l'illettrisme. Quand la croissance économique est biaisée, les personnes les moins qualifiées souffrent le plus. Dans quasiment tous les pays du monde, le chômage affecte plus durement les personnes peu formées qui sont souvent aussi peu diplômées. Mais ce qui frappe en France, c'est la proportion d'adultes non diplômés : 30 % des actifs de plus de 25 ans n'ont pas passé le brevet des collèges contre 14 % en Allemagne et 25 % en moyenne dans l'Union européenne. Enfin, 80 % des chômeurs retrouvent un emploi sous forme de CDD ou d'intérim, ce qui porte le taux d'emploi en CDI à moins de 50 %. Ainsi, ceux qui nous expliquent que les réussites étrangères en matière d'emplois se font au prix de la précarité devraient regarder dans leur assiette : la France cumule chômage structurel élevé et précarité.

Ce que nous savons sur le chômage, presque tout

Je ne veux pas ici écrire que le chômage est un drame humain, un gâchis… parce que tout le monde dit ça, on se donne bonne conscience et on passe à autre chose. Si c'est un drame, chaque Français en a sa part de responsabilité. Si l'on était désarmé dans la guerre contre le chômage, on pourrait s'apitoyer.

Nous ne le sommes pas et quand François Mitterrand avait dit : « Contre le chômage, on a tout essayé », il aurait dû ajouter : « dans la panoplie de ce qui ne marche pas ». Car dans la lutte contre le chômage, nous pouvons toujours mettre en œuvre les bonnes politiques.

Ce livre n'est pas un traité sur le marché du travail. Il y en a d'excellents, y compris en langue française. Il faut notamment ici rendre hommage à Pierre Cahuc et André Zylberberg qui, depuis des années, publient sur ces questions. Leur ouvrage de référence *Les Ennemis de l'emploi*, paru pour la première fois en 2004 sous le titre *Le Chômage, fatalité ou nécessité*, et réédité sous une forme revue et corrigée début 2015, contient tout ce qu'il faut savoir. Et j'ai envie de dire aux électeurs, aux syndicalistes, aux politiques : APPRENEZ-LE PAR CŒUR.

Je ne vais pas bêtement recopier ce qui a déjà été écrit ailleurs. Alors je vais vous dire ce dont on est certain en 13 points :

1. Protéger l'emploi ne fait pas baisser le chômage

Comportant plus de 3 000 pages, le code du travail français est un salmigondis illisible dont les principales victimes sont les chômeurs. Les syndicats devraient d'ailleurs peut-être s'interroger sur le fait que l'Autriche et la Suisse, qui connaissent un plein-emploi structurel, ne connaissent pas en revanche de code du travail. La protection de l'emploi en France est fondée sur une idée simpliste et, pour le dire franchement, idiote : pour protéger les salariés, il faut rendre plus difficiles les licenciements. Le lecteur armé de bon sens estime sans doute que si les entreprises savent qu'elles auront des difficultés pour licencier, elles vont moins embaucher. Eh bien, sachez que ce bon sens est corroboré par toutes les études. Freiner les destructions d'emplois freine les créations. Ce processus ralentit la destruction-créatrice schumpétérienne et donc la croissance. Salariés et chômeurs sont les perdants de ce système où un juge peut sanctionner l'entreprise s'il considère que le licenciement n'est pas justifié. Finalement, la protection de l'emploi a quatre effets : elle ralentit la productivité, elle accroît la durée du chômage, elle diminue le taux d'emploi des jeunes et des plus de 50 ans, elle incite les entreprises à recruter en CDD et en intérim, ce qui sépare le marché du travail en deux parties bien distinctes, les précaires et les autres. Joli bilan[1].

1. En dehors du livre de Cahuc et Zylberberg, on peut se référer à A. Bassanini, « Job Protection Legislation and Productivity Growth in OECD Countries », Economic Policy, 24, 2009 ; Olivier Blanchard et Augustin Landier, « The Perverse Effect of Partial Labour Market Reform : Fixed-Term Contract in France », *Economic Journal*, 112, 2002 ; Pierre Cahuc et Fabien Postel-Vinay, « Temporary Jobs, Employment Protection and Labor Market Performances », *Labor Economics*, 9, 2002 ; Lawrence M. Kahn, « The Impact of Employment Protection Mandates on Demographic Temporary Employment Pattern : International Microeconomic Evidence », *Economic Journal*, 117, 2007.

2. Les destructions d'emplois ne sont pas un problème

Les entreprises françaises détruisent environ 10 000 emplois par jour. Quand le chômage augmente, c est qu'elles en créent un peu moins de 10 000, un peu plus quand le chômage baisse. Diminuer les destructions d'emplois est contreproductif. La politique économique doit libérer les créations de postes, pas entraver les destructions.

3. Les allégements de charges ont un impact positif sur l'emploi

Augmenter le coût du travail fait diminuer la demande de travail de la part des entreprises. Cette application simple de la loi de l'offre et de la demande ne signifie pas que le salaire net doive diminuer. La France est l'un des pays au monde où le « coin social », c'est-à-dire la différence entre le coût du travail (y compris les cotisations patronales) et le salaire net, est le plus élevé. Il est donc possible de réduire le coût du travail en allégeant les cotisations sociales, ce qui peut être financé de deux façons : en diminuant les dépenses sociales (par exemple en reculant l'âge légal de départ en retraite) ou en les transférant sur des impôts qui ne pèsent pas sur le coût du travail comme la TVA. Toutes les politiques de baisse de charge en France – Balladur en 1993, Juppé en 1995, Aubry en 1998, Fillon à partir de 2003 – ont eu des impacts positifs sur l'emploi[1]. C'est pourquoi j'ai soutenu le pacte de responsabilité du président Hollande qui va dans la même direction. Ces politiques sont insuffisantes mais utiles, et la droite ne s'est pas grandie en contestant une politique qu'elle a elle-même menée avec un certain succès.

4. Le SMIC est un obstacle à l'emploi

Une entreprise ne recrute un salarié qu'à la condition que sa productivité soit supérieure au salaire minimum. Sinon, elle perdrait de l'argent. Les études réalisées sur l'impact du salaire minimum sur l'emploi sont ambivalentes. Introduire un faible salaire minimum est positif car cela constitue une incitation à chercher un emploi sans faire monter le chômage. En revanche, un salaire minimum élevé risque de dépasser la productivité des travailleurs les moins qualifiés. La France se situe dans ce second cas de figure[2]. Il conviendrait donc, dans notre pays, de diminuer le salaire minimum pour augmenter en contrepartie le « RSA activité ». En effet, le consensus social européen considère qu'il faut rendre travail et pauvreté

1. Voir Bruno Crépon et Rozenn Desplatz, « Une nouvelle évaluation des effets des allègements de charges sociales sur les bas salaires », *Economie et Statistiques*, 348, 2001.

2. Voir John Abowd, Francis Kramarz, Thomas Lemieux, David Margolis, « Minimum Wages and Youth Employment in France and the United States », *in* D. Blanchflower et R. Freeman (ed.), *Youth Employment and Joblessness in Advanced Countries*, National Bureau of Economic Research, 2000.

incompatibles. Dans ce cas, l'État peut verser aux personnes qui perçoivent de faibles rémunérations d'activité un complément de revenu qui leur permette de ne pas s'enliser dans la pauvreté. Cet « impôt négatif » s'appelle en France « revenu de solidarité active » puisque l'on prend soin de choisir un vocabulaire incompréhensible ! Quoi qu'il en soit, ce RSA doit être simplifié, il doit absorber la « prime pour l'emploi » dont l'objectif est similaire (la France ne serait plus la France sans les doublons administratifs) et contribuer à réévaluer le niveau de vie de ceux qui travaillent par rapport aux autres.

5. Travailler doit payer

Le combat contre le chômage passe aussi par l'augmentation de l'offre de travail. Les personnes en âge de travailler doivent être incitées à rechercher un emploi, ce qui exclut que l'assistance puisse rapporter plus que le travail. Le bal des politiquement corrects se réveille ! Quoi ? Les assistés sont des profiteurs ? Les pauvres des nantis ? Formidable illustration du déchaînement des passions françaises (ici teintées d'ignorance) quand la réflexion devrait régner. On observe en effet que, dans les cas où les revenus d'assistance excèdent les revenus du travail, le comportement *moyen* des individus consiste à ne pas choisir de travailler. Il n'y a aucun caractère moral derrière cette assertion. Il y a simplement l'idée que les individus réagissent aux incitations financières, ce qui est l'un des grands résultats de l'analyse économique de ces dernières décennies. Sur ce sujet, les études sont difficiles à effectuer en France en raison du nombre et de la complexité des aides versées, nationales et locales (crèches, cantines, eau, transport, tickets loisirs...). Denis Anne et Yannick L'Horty ont néanmoins réalisé ce travail utile et ingrat en concevant le logiciel Équinoxe qui prend en compte les aides versées à Paris, Lyon et Marseille, et dans dix villes moyennes. Grâce leur soit rendue. Les résultats sont préoccupants. Ainsi, un couple inactif avec deux ou trois enfants perd de l'argent si l'un de ses membres obtient un emploi payé au SMIC. Seuls les célibataires, les couples avec un enfant ou certaines familles monoparentales sont incitées à travailler au SMIC à temps plein. La solution à ce scandale économique (et éventuellement moral) ne consiste pas à diminuer ces allocations et encore moins à augmenter le SMIC, mais à réformer le RSA pour faire en sorte que, comme le disent les Anglo-Saxons qui, eux, n'ont pas peur des mots, « le travail soit payant ».

6. Un chômeur qui ne cherche pas activement d'emploi doit être sanctionné

La bien-pensance peut piquer une crise de nerfs : il ne fait pas de doutes que sanctionner les chômeurs qui ne cherchent pas activement un emploi est une politique efficace. Aux Pays-Bas, les chômeurs peuvent subir une réduction temporaire de leurs prestations de 20 % s'il s'avère qu'ils ne sont pas assez empressés. À Rotterdam, le groupe de ceux qui ont été frappés par cette sanction a vu son taux de sortie du chômage doubler[1]. Parfois, la sanction n'est pas présentée comme telle, mais intériorisée par les demandeurs d'emplois comme une contrainte inadmissible. Ainsi en est-il de la participation obligatoire à des formations. Deux économistes danois ont remarqué que, dans leur pays, les chômeurs intensifient leurs recherches quand arrive le caractère obligatoire de ces programmes. Ils ne veulent pas y participer[2] ! Plus récemment, les conservateurs de David Cameron ont renforcé avec succès les sanctions auxquelles s'exposent les demandeurs d'emplois un peu assoupis[3]. En France, de telles sanctions existent en théorie, mais elles ne sont quasiment jamais appliquées. Or la crédibilité de la sanction importe autant que son existence. Pôle Emploi plaide le manque d'argent : il ne dispose pas de moyens suffisants pour contrôler tous les chômeurs. Cet argument manque sa cible. Une menace peut être crédible y compris quand le suivi des chômeurs est modéré à partir du moment où, de temps à autre, une sanction

1. Voir Bas Van der Klaauw, Jan Van Ours, « Carrot and Stick : how Re-Employment bonuses and Benefit Sanctions Affect Exit Rates from Welfare », *Journal of Applied Econometrics*, 28, 2013.

2. Voir Michael Rosholm, Michael Svarer, « The Threat Effect of Active Labour Market Programs », *Scandinavian Journal of Economics*, 110, 2008.

3. J'entends d'ici les étouffements d'indignation de certains lecteurs.

est mise en œuvre. L'organisation importe plus que les moyens financiers.

7. Les indemnisations chômage doivent être dégressives

Voici un autre prétexte de crise d'hystérie pour la bien-pensance : l'indemnisation du chômage augmente la durée du chômage. De nombreux pays ont modifié les paramètres d'indemnisation ces dernières années. Ce sujet se prête donc bien à la méthode des expériences naturelles. En moyenne, une augmentation de 1 point du ratio de remplacement (qui rapporte l'indemnisation perçue au dernier salaire[1]) entraîne une augmentation de la durée du chômage de 0,3 à 1,6 %[2]. L'allongement de la durée d'indemnisation a des conséquences similaires. Ces effets sont particulièrement nets pour les personnes bien formées qui perçoivent des rémunérations élevées, comme les cadres en France. Faudrait-il ne pas tenir compte de ces données ? Certainement pas, d'autant plus que le système français indemnise bien. La France se situe au-dessus de la moyenne européenne en termes de ratio de remplacement « net » d'impôts et de cotisations, de durée maximale d'indemnisation et de conditions d'éligibilité[3].

---

1. Par exemple si l'indemnisation passe de 75 à 76 % du dernier salaire.

2. Jan Van Ours, « Labor Market Effects of Unemployment Insurance Design », *Journal of Economic Surveys*, 28.

3. Bertrand Martinot, *Chômage : inverser la courbe*, *op. cit.*

8. La formation professionnelle doit cibler les personnes fragiles

La formation professionnelle concentre tous les instincts sadomasochistes de la France : toujours présentée comme efficace en théorie et inefficace en pratique. Elle est un pilier de la « flex-sécurité » chère aux pays du nord de l'Europe. Aux côtés de la nécessaire flexibilité du marché du travail, elle est censée « protéger les personnes et non les postes ». Elle contribue à requalifier les personnes qui ont perdu leur emploi à cause du progrès technique ou de la mondialisation. On attribue généralement au pasteur luthérien danois Nikolai Frederik Severin Grundtvig la paternité de la formation continue au XIXe siècle. Sa première Hojskole, école tout au long de la vie, a été ouverte en 1844. On en compte désormais soixante-dix au Danemark, partiellement financées par l'État. Plusieurs dizaines de milliers de Danois y suivent des cours chaque année. Que l'on est loin de l'incompréhensible et inflationniste système français ! Et en effet, en première analyse, suivre des programmes de formation continue génère des effets spectaculaires sur les trajectoires professionnelles. Néanmoins, ces résultats obtenus en France souffrent d'un biais statistique qui les invalide : chez nous, ce sont les salariés les plus productifs qui bénéficient en priorité de la formation continue. En effet, les entreprises, de façon fort rationnelle, concentrent leur effort de formation vers les meilleurs afin de spécialiser leurs compétences, et faire ainsi en sorte qu'ils ne pourront les utiliser ailleurs ! En l'occurrence, l'impact positif de la formation continue reste discuté et on a mal au ventre de voir des dizaines de milliards d'euros partir ainsi en fumée chaque année[1]. Elle pourrait avoir un impact plus fort si elle concernait en priorité les personnes les moins qualifiées et les chômeurs qui ont besoin d'un savoir de base et justement non spécialisé pour avoir une chance de réintégrer une entreprise. Ce n'est pas le cas chez nous où les syndicats, qui bénéficient du financement de la formation professionnelle, ne veulent pas que cela change.

9. Le commerce international ne fait pas augmenter le chômage

La mondialisation n'est pas coupable du chômage. Néanmoins, la rigueur oblige à souligner que cela dépend de la capacité des entreprises d'un pays à exporter vers les pays en croissance. Dans le cas de la France, le commerce international semble avoir un impact en moyenne neutre. Ce résultat est aussi valable pour les délocalisations. Dans un cas général, l'ouverture au commerce international semble plutôt

1. Voir Marc Ferracci, *Évaluer la formation professionnelle*, Presses de Science-Po, 2013.

favorable à la baisse du chômage. En revanche, elle peut accroître les inégalités de revenus[1].

10. La baisse de la population active n'est pas favorable à l'emploi

Pas facile, nous disent les gouvernements. Pas facile de faire diminuer le chômage en France car la population active augmente. D'un côté, on se glorifie de notre brillante démographie, laquelle montre s'il fallait en douter que les Français sont confiants dans l'avenir du pays. De l'autre, on se lamente de ces jeunes qui envahissent le marché du travail et à qui il faut trouver des emplois. Ah, si la population diminuait comme dans les pays d'Europe du Sud ou de l'Est, tout serait plus simple puisqu'on aurait moins besoin d'emplois pour occuper toute cette jeunesse ! Rien dans l'observation statistique ne vient valider cet argument. Ce sont les pays où la population active augmente le plus qui souffrent le moins de chômage.

11. Les 35 heures n'ont pas fait baisser le chômage

S'il est une expression qui fait perdre la raison, c'est bien « les 35 heures », devenues un marqueur politique dont le débat rationnel est la victime. La droite les déteste sans les avoir supprimées en douze années de gouvernement, la gauche les adore sans être capable

1. Pierre Cahuc, Stéphane Carcillo et André Zylberberg, *Labor Economics*, MIT Press, 2014.

d'expliquer pourquoi. Alors remettons de l'ordre dans les idées. 1. Cette loi a été mise en œuvre pour accroître l'emploi. 2. Les entreprises qui ont appliqué les 35 heures n'ont pas créé plus d'emplois que les autres, ainsi que l'a montré Raphaël De Coninck en comparant l'évolution de l'emploi entre 2000 et 2001 des entreprises de plus de 20 salariés, obligées d'appliquer les 35 heures, et les autres[1]. Étienne Wasmer a confirmé ce résultat en observant les comportements des entreprises en Alsace-Moselle, évidemment, où la réduction du temps de travail a été moins forte que dans le reste de la France, pour une obscure histoire de différence de jours fériés[2]. Les 35 heures n'ont eu aucun effet positif. Le débat devrait être enfin clos. Passons à autre chose.

12. Les licenciements boursiers sont exceptionnels

Pauvre Marx, fin et intelligent, qui enfanta peu de dignes héritiers ! Voilà que certains actualisent maladroitement les thèses du maître en faisant porter le chapeau des licenciements au monde de la finance. Le pouvoir de l'argument réside dans sa simplicité : c'est vrai qu'il ne mobilise pas beaucoup de neurones : les

1. Cf. P. Cahuc, S. Carcillo et A. Zylberberg, *Labor Economics*, *op. cit.*

2. Etienne Wasmer et Matthieu Chemin, « Using Alsace-Moselle Local Laws to Build a Difference-in-Differences Estimation Strategy of the Employment Effects of the 35-Hour Workweek Regulation in France », *Journal of Labor Economics*, 2009.

entreprises, pour diminuer leurs coûts et augmenter leurs profits, doivent périodiquement procéder à des vagues de licenciements. En conséquence, le cours de l'action est revalorisé, ce qui profite aux détenteurs de capitaux, méchants spéculateurs et autres retraités de Floride. Grain de sable dans la démonstration de nos Marx en culotte courte : d'après la plus large étude réalisée sur le sujet pendant trente ans aux États-Unis sur plus de 1 000 entreprises, les réductions d'effectifs font en moyenne baisser le cours de l'action[1]. Cette baisse est modérée mais avérée. Les marchés financiers interprètent en effet en général une vague de licenciements comme le résultat d'une gestion imparfaite et non comme le graal des ressources humaines. La théorie des licenciements boursiers ne vaut rien.

13. Créer des emplois publics détruit des emplois privés/ Les emplois aidés dans le secteur public sont contre-productifs

Vraiment je compte sur vous pour relayer l'inefficacité d'un grand nombre de ces emplois bizarrement appelés « aidés » alors qu'ils sont « subventionnés ». Si même le mot « subvention » pose souci, je comprends qu'on ait du mal à parler d'« illettrisme » ou de « pauvreté ». Remarquez, un élu me disait récemment qu'il résidait dans un « centre urbain de haute

1. Henry S. Farber et Kevin Hallock, « The Changing Relationship Between Job Loss Announcement and Stock Prices : 1970-1999 », *Labor Economics*, 16, 2009.

densité ». Pour une raison qui m'échappe, le terme de « grande ville » lui brûlait la bouche. Les emplois aidés donc. Bertrand Martinot raconte avec humour (mais ça donne envie de pleurer) la façon dont les préfets, terrorisés comme souvent, déploient tout le zèle extraordinaire dont ils sont capables pour respecter les objectifs ambitieux de distribution de ces emplois aidés fixés par un ministre qui a donc eu cette idée géniale et originale « d'aider des emplois ». Les collectivités locales les acceptent souvent de bonne grâce car ils leur permettent de faire effectuer des tâches subalternes dans le contexte de restrictions budgétaires dont elles souffrent. D'ailleurs, il est frappant de voir que souvent, on mesure le succès d'un contrat aidé par le nombre de personnes qui en bénéficient sans s'interroger sur la trajectoire professionnelle de ces bienheureuses personnes. Certains chercheurs ont néanmoins entrepris ce travail consistant à comparer un groupe test composé de personnes aidées avec un groupe témoin. Problème : les études s'accordent à reconnaître que les bénéficiaires des emplois aidés dans le secteur public, en l'absence de formation, éprouvent davantage de difficultés à retrouver un emploi que les chômeurs n'ayant bénéficié d'aucune aide. Il semblerait que les bénéficiaires soient « stigmatisés » par leur passage dans le secteur public. Ces mesures coûtent en outre beaucoup plus cher à l'État que les emplois aidés dans le secteur privé qui sont, eux, efficaces. Toutes ces études sont unanimes : créer des emplois aidés dans le secteur public n'est pas seulement du gaspillage de ressources publiques : c'est contre-productif.

Exactement comme la création de simples emplois publics. Créer des emplois publics génère un double effet d'éviction : financier puisque les salaires sont payés grâce à l'impôt ou à la dette, ce qui déplace des ressources du secteur privé vers le secteur public ; humain dans le cas où le secteur public est en concurrence avec le privé (le secteur hospitalier par exemple). Les chiffres sont cruels : la création de 100 emplois publics entraîne la disparition de 150 emplois privés. Ainsi, créer des emplois publics pour lutter contre le chômage revient à s'éloigner de l'objectif que l'on s'est fixé, tout en ruinant l'État, c'est-à-dire le contribuable[1].

L'immigration n'est pas un problème, l'intégration si

Pourquoi aborder l'immigration dans ce livre ? C'est risquer de perdre ceux d'entre vous qui ont eu la gentillesse de me suivre. Comment trouver le juste équilibre entre la quête de recherche rationnelle et la compréhension de l'émotion suscitée par le sujet ?

1. La question des emplois aidés et des emplois publics est parfaitement documentée chez Cahuc et Zylberberg qui ne citent pas seulement leurs propres études mais beaucoup de travaux réalisés par leurs collègues.

Rien n'est pire que l'approximation, c'est pourquoi je vais citer des chiffres. Mais rien n'est pire que le déni. Si l'immigration déclenche des réactions de passion, il faut en comprendre la cause avant, éventuellement, de classer le dossier.

Le mot « immigration » se rattache à un champ lexical au mieux anxiogène : chômage, banlieues, islamisme, Lampedusa, mosquée, terrorisme, voile, camps de Roms, charia, invasion... L'opinion publique française rejette l'immigration comme la plupart des opinions européennes. L'extrême droite monte partout. La France est néanmoins le seul pays du continent qui pourrait à brève échéance placer à sa tête un parti qui souhaite « renvoyer les immigrés chez eux » et qui rend l'immigration coupable de tous les maux. Le sujet de l'immigration est tellement épidermique que, plus que tout autre, il exige un débat froid et raisonné, ce qui demande compétence et courage. Car il ne s'agit pas de cacher la poussière sous le tapis s'il y en a, mais, le cas échéant, de montrer ce qui doit l'être.

Mais y a-t-il beaucoup à montrer[1] ? Ce n'est pas évident car, de prime abord, la France n'est plus un grand pays d'immigration. Quand on évoque ce sujet, toutes les précautions s'imposent. D'abord il convient

1. La synthèse la plus précise et la plus objective sur l'immigration est à ma connaissance l'ouvrage de Xavier Chojnicki et Lionel Ragot, *On entend dire que l'immigration coûte cher à la France*, Eyrolles, 2012. L'Insee publie évidemment des données passionnantes et accessibles au public sur le sujet.

de définir ce dont on parle : un immigré est un étranger né à l'étranger et vivant en France. Un enfant d'immigré né en France n'est donc pas immigré. Ensuite, faites-moi grâce de m'accorder que les statistiques de l'immigration légale sont précises puisqu'elles émanent des recensements. Ainsi, en 2008, 5,2 millions d'immigrés vivaient en France soit 8,4 % de la population. Depuis 1975, ce chiffre a peu varié. La France est aujourd'hui un pays où la part des immigrés dans la population est relativement faible : 8,4 % à comparer à 13 % en Allemagne, 13,5 % aux États-Unis, plus de 20 % au Canada ou en Australie. L'immigration illégale concerne selon le Bureau international du travail environ 400 000 personnes (0,6 % de la population française totale) qui sont, pour 90 % d'entre elles, entrées légalement sur le territoire français mais n'ont pas obtenu de prolongation de leur titre de séjour.

Il serait commode de s'arrêter là mais la promesse de cet ouvrage c'est de tout se dire, et je ne suis pas naïf. Certains d'entre vous pensent : et les descendants d'immigrés ? D'autres : l'immigration africaine est surreprésentée dans ces chiffres. Allons donc au fond des choses. La somme des personnes immigrées et de leurs enfants représente 20 % de la population française. 80 % de la population est donc française « de souche », pour reprendre une expression maurrassienne exécrable, mais je ne veux, sous aucun prétexte, donner l'impression de tourner autour du pot. Les immigrés d'origine européenne et africaine représentent chacun 40 % environ de l'immigration totale et l'absence de mixité résidentielle signifie que leur répartition territoriale est très inégale, essentiellement dans les banlieues (nord souvent) des grandes villes.

Les flux migratoires ont-ils progressé ces dernières années ? Légèrement, mais sous l'influence de l'immigration en provenance d'Europe. Les entrées brutes totales s'élèvent en moyenne depuis dix ans à 200 000 individus et, depuis 2010, ce chiffre est supérieur à 210 000. En revanche, les flux migratoires d'origine africaine sont quasi stables, à 60 000 entrées environ. Le principal motif d'entrée n'est pas d'ordre économique mais concerne le regroupement familial, ce qui n'est pas neutre dans la manière dont l'opinion publique se représente l'immigration. Il faut bien comprendre que les chiffres des « flux » migratoires, plus encore que ceux des « stocks » d'immigrés, sont faibles. La France est, avec le Japon, l'un des pays les plus fermés au monde, sans commune mesure avec le Royaume-Uni, les États-Unis et surtout l'Allemagne. Ceux qui craignent l'« invasion » ou le « remplacement » pointent aussi du doigt la forte natalité des immigrés d'origine africaine. Cette idée est à nuancer car la fécondité dans les principaux pays d'immigration vers la France est comparable voire plus basse que chez nous : 2,8 en Algérie en 2013, 2,2 au Maroc, 2,1 en France et 1,5 au Portugal. Elle reste en revanche beaucoup plus élevée dans les pays d'Afrique subsaharienne (souvent proche de 5 comme en Côte-d'Ivoire ou en Guinée Équatoriale) bien qu'elle diminue.

Beaucoup s'inquiètent aussi du choc des valeurs lié à la présence de nombreux musulmans pratiquants sur le sol français. Cette idée est obsessionnellement entretenue par certains médias étrangers, notamment la chaîne américaine Fox News, qui, peu après le meurtre de la rédaction de *Charlie Hebdo*, a diffusé une carte montrant huit quartiers de Paris dans lesquels les non-musulmans ne pouvaient pas pénétrer ! Évidemment, il n'y a pas d'équivalence entre étranger, immigré et musulman. Mais passer outre le fait que, dans l'imaginaire collectif, il existe une association entre ces groupes de personnes relèverait du déni de réalité. Selon le Pew Research Center, en 2010, 7,5 % de la population française était musulmane. Ce chiffre est nettement supérieur à la proportion de musulmans aux États-Unis, au Royaume-Uni ou en Allemagne. La France se situe juste au-dessus de la moyenne européenne (7 %). Cela dit, d'autres sources arrivent à des résultats beaucoup plus faibles. Ainsi, le démographe Hervé Le Bras calcule le nombre d'immigrés en provenance de pays musulmans (ce qui ne signifie pas qu'ils soient musulmans et encore moins pratiquants) en y ajoutant la seconde génération : il arrive à 3,3 millions de personnes (5 % de la population totale). Plus intéressant encore : en 2007, la Sofres a demandé à des résidents français composant un échantillon représentatif de la population quelle était leur religion s'ils considéraient en avoir une : 3 % ont répondu musulmane, soit moins de 2 millions de personnes (59 % catholique, 2 % protestante, 1 % juive).

En se basant sur la fréquentation des mosquées, Le Bras estime que la France ne compte que 500 000 musulmans pratiquants. D'où l'on voit que les thèses du grand remplacement reposent sur les peurs, pas sur la raison.

Revenons à l'immigration et continuons de réfléchir aux questions qui fâchent : est-ce que l'immigration, fût-elle contenue, contribue à diminuer les salaires ou à augmenter le chômage ? Au moment où j'écris, nous ne disposons d'aucun élément qui le montre, même pas le début d'une preuve. La totalité des études convergent : l'immigration, quand elle est massive (ce qui n'est pas le cas en France), entraîne, tout au plus et à court terme, des effets au pire légèrement négatifs et le plus souvent neutres sur les salaires et l'emploi. Cette absence d'impact franchement défavorable tient au caractère évolutif de l'économie. Les immigrés qui arrivent dans un pays participent d'une façon ou d'une autre à son économie comme travailleurs, consommateurs, épargnants, contribuables ou cotisants. En vérité, les études les plus récentes concluent plutôt même à un effet positif de l'immigration dans la mesure où natifs et immigrés ne disposent généralement pas des mêmes compétences et occupent donc des positions économiques différentes. Pour écrire crûment, la règle, c'est que les immigrés travaillent généralement dans des emplois dont les natifs ne veulent pas. En France, les immigrés non européens sont ainsi surreprésentés dans le bâtiment, l'hôtellerie-restauration, la sécurité et le nettoyage[1]. Posons l'autre question qui fâche : les généreux États providence européens constituent-ils une incitation à immigrer ? La réponse est oui. Il y a plus : les immigrés non européens font plus appel aux aides sociales que les autres. Enfin, souffle l'électeur du Front national qui trouve enfin un argument rationnel à son vote. Mais le coût brut de l'immigration compte peu. Ce qui importe c'est la contribution nette, c'est-à-dire la différence entre ce que rapportent les immigrés et ce qu'ils coûtent. Or, en France, cette contribution est positive en raison d'un effet d'âge : les immigrés étant en moyenne plus jeunes que les natifs, leurs dépenses de retraites et de santé sont modérées[2].

Le Front national trompe donc, par ignorance ou par mensonge, je ne sais, les Français à trois titres. D'abord, la France n'est déjà plus un grand pays d'immigration. Ensuite, l'immigration 0 n'aurait qu'un impact au mieux négligeable sur l'emploi. Enfin, supprimer l'immigration entraînerait un surcoût pour les finances publiques qu'il faudrait financer en augmentant les impôts sur les natifs. Est-ce à dire que l'immigration est un non-sujet, un fantasme né de

1. Yves Breem, « L'insertion professionnelle des immigrés et de leurs descendants en 2010 », *Info Migrations*, 31, 2012.

2. Ces chiffres n'intègrent pas les coûts de la délinquance (police, prisons…) si jamais les immigrés étaient surreprésentés dans la distribution des délits. Cela dit, cela ne changerait sans doute pas la balance globale dans la mesure où les budgets sociaux sont beaucoup plus élevés que ceux des missions régaliennes.

l'imagination des Français ? Oh, j'aurais tellement aimé puisque cela m'aurait exonéré d'avoir du courage ! Mais il y a bien un problème, qui est celui de l'intégration en général, des Algériens en particulier. Les chiffres cités par Xavier Chojnicki et Lionel Ragot donnent la mesure du problème. Le taux de chômage des immigrés extra-communautaires est le double de celui de la population dans son ensemble[1]. La moitié des immigrés n'ont pas de diplômes. Les failles de l'intégration concernent aussi leurs enfants : 13 % sortent du système scolaire sans diplôme contre 8 % pour les natifs. L'Insee publie également la part des immigrés en emploi l'année de leur arrivée dans notre pays. Ces chiffres peu commentés car brûlants font ressortir des situations très contrastées. Le premier pays d'immigration est le Portugal et c'est aussi l'un de ceux pour lequel l'intégration économique fonctionne le mieux : en 2012, 84 % des hommes portugais et 57 % des femmes étaient en emploi avant un an depuis leur arrivée. Le constat ne laisse pas d'inquiéter pour

1. Il semble logique que les immigrés aient plus de difficultés que les natifs à trouver un emploi. Néanmoins il est des pays où l'économie les intègre remarquablement. Ainsi aux États-Unis, en 2012, le taux de chômage des immigrés mesuré par le Bureau of Labor Statistics est tombé au niveau du taux de chômage moyen de la population. Les Américains sont assez crus avec les statistiques « ethniques ». Ainsi, ils montrent que les « immigrés blancs » sont ceux qui ont le plus de difficultés à s'intégrer relativement aux « Américains blancs ». À l'inverse, le taux de chômage des « immigrés noirs » est très inférieur à celui des « Américains noirs ».

le deuxième pays d'immigration : l'Algérie. 26 % des hommes algériens obtiennent un emploi l'année de leur arrivée et seulement 7 % des femmes. C'est évidemment très peu, surtout si l'on songe que les immigrés d'origine algérienne vivent dans un nombre de quartiers limité, ce qui renforce les difficultés d'intégration et sans doute l'incompréhension de certains natifs. Il me semble qu'une remarque similaire pourrait concerner nos compatriotes musulmans. Ils sont assez peu nombreux dans notre pays mais l'échec des politiques de mixité sociales et la tendance naturelle au communautarisme ont pu entraîner la formation de quartiers où la plupart des femmes sont voilées.

J'ai suffisamment critiqué la niaiserie et la bien-pensance pour essayer de ne pas tomber dans ces panneaux-là. Des problèmes, graves, d'intégration existent. Mais ils ne sont pas d'ordre macroéconomique. Ils semblent circonscrits à des catégories de population facilement identifiables et pour lesquelles des mesures d'accueil et de soutien spécifiques pourraient être mises en place si l'on voulait bien désiller les yeux. Nos relations avec l'Algérie sont, depuis la décolonisation, terriblement compliquées, empreintes de culpabilité d'un côté, de ressentiment de l'autre. Faut-il pour autant se taire ? Non, car ce serait une preuve de lâcheté et d'irrespect y compris pour nos frères algériens. En même temps, l'immigration en tant que problème économique devrait être ramenée à sa juste place qui est secondaire.

Voilà. Vous savez tout. Vous savez que, si un candidat à l'élection présidentielle veut subventionner des emplois dans le secteur public, stopper l'immigration ou ranimer la flamme nauséabonde d'une politique protectionniste, il est dans le meilleur des cas incompétent. Vous savez que, si un autre propose d'augmenter le SMIC ou l'indemnisation des chômeurs pour lutter contre la pauvreté, il aggravera le mal qu'il prétend combattre. Vous savez que revenir à un niveau de chômage proche du plein-emploi est possible si l'on agit sur chacune des causes que je vous ai présentées. Songez à ce que redeviendrait la France, un merveilleux pays, prospère et tranquille. Tout ne serait pas idéal mais beaucoup de nos soucis s'évanouiraient. Bien sûr la politique n'est pas qu'une évidence. C'est aussi un art d'exécution, d'explication. C'est une mise en musique. Mais une musique qui suit des règles harmoniques intangibles. Vous savez désormais qu'on a tort de dire qu'on ne sait pas.

Les sciences éducatives

Je me demande si cela ne finit pas par ressembler à de la maltraitance, une maltraitance d'État envers les écoliers comme envers les personnels enseignants que je prends en vive sympathie quand je vais chercher mes enfants à l'école, ce qui m'arrive plusieurs fois par semaine car je vis « à la scandinave ». Bon, j'essaie de tout faire, le travail et la famille. Heureusement, je n'ai pas de loisirs.

J'enseigne moi-même, quelques heures chaque mois à l'université, devant des grands élèves sympathiques et intelligents. C'est facile et pourtant c'est déjà fatigant. Alors quand on est placé devant des enfants indisciplinés et en difficulté, cela doit être épuisant. Les enseignants, qui devraient être célébrés par l'État comme les héros de notre temps, sont sous-payés et méprisés. Leur carrière n'est due en rien à leurs qualités propres, ce qui signifie que les meilleurs ne sont jamais récompensés. Cela devrait nous faire honte[1].

1. Une partie des analyses et des propositions qui suivent sont tirées de l'indispensable livre de Maryline Baumard, *La France enfin*

Le drame éducatif français

La trahison de l'idéal français naît à la fois dans les familles et dans les classes. Elle naît dans les familles car la déconstruction capitaliste – c'est un libéral qui le dit – a emporté avec elle les règles de politesse, de rigueur, de concentration qui devraient être acquises au moment de la scolarisation. L'école n'est pas seule coupable, les parents le sont aussi, qui demandent de plus en plus à l'Éducation nationale, mais exigent de moins en moins d'eux-mêmes. Ils délaissent le champ de l'éducation familiale dont, bien qu'ils l'oublient, ils sont responsables. Selon eux, l'école doit apprendre à lire, à nager, à se laver les dents en trois minutes et en brossant verticalement. Elle doit aussi transmettre les vertus d'honnêteté, de courage, de solidarité... Ah, j'oubliais, comme me le soufflent régulièrement les chefs d'entreprise, elle doit aussi apprendre l'économie. À l'impossible nul n'est tenu. Que les familles s'occupent correctement de leurs enfants. Cela diminuera le nombre d'incidents qui pourrissent l'ambiance dans les classes (ceux qui ont peur des mots évoquent les « incivilités » alors qu'il s'agit de menaces, de vols, de

---

première de la classe, paru en 2013 chez Fayard. Je remercie aussi le dynamique directeur de l'Institut Montaigne, Laurent Bigorgne, de m'avoir aiguillé dans mes lectures. L'Institut Montaigne avait publié en juillet 2012 une excellente « Contribution à la concertation sur l'école : priorité au primaire ».

racket, de vente de drogue, d'insultes racistes et antisémites...). On en dénombre entre 50 000 et 100 000 par an qui seraient passibles des tribunaux correctionnels s'ils avaient été commis par des adultes[1]. Les familles livrent à l'école des enfants qui sont de moins en moins éduqués. Que l'école joue son rôle, qui est d'enseigner les savoirs et les compétences « de base ». C'est déjà beaucoup lui demander. Le problème, c'est que l'Éducation nationale ne change pas, y compris quand un gouvernement de gauche prétend la « refonder ».

Nous savons énormément de choses sur l'école. Nous savons en évaluer la qualité, fixer les objectifs adéquats et les moyens de les atteindre. L'école est, après la santé, le second royaume de l'*evidence based policy* à tel point que l'on évoque dans le monde anglo-saxon l'*evidence based school*. C'est un médecin britannique, Ben Goldacre, qui a le premier suggéré au monde de l'école d'utiliser les résultats des recherches en science éducative. Mais l'école est, en France, autosuffisante. Elle est investie d'une mission qu'elle ne remplit pas mais peu lui importe. Comme un dieu, elle ferme la porte à la science. Elle professe mais n'accepte pas d'enseignements venus de l'extérieur. Elle se veut « sanctuarisée » comme une église, sauf que le rôle d'une religion est d'évoluer le moins possible, alors que l'école devrait se remettre

1. Le logiciel Signa mis en place en 2002 a permis d'identifier en moyenne 85 000 incidents par an entre 2002 et 2008, année où il a été modifié pour faire baisser les chiffres.

en cause pour donner davantage aux petits Français, c'est-à-dire à la France tout entière.

Mais pourquoi me remettrais-je en cause ? répond l'école. Après tout, j'offre une scolarité de qualité à tous ceux, toujours plus nombreux, riches ou pauvres, des villes et des campagnes, français de longue date ou récemment immigrés, qui se présentent à ma porte. Et chaque rentrée que l'on prédit catastrophique se passe en bon ordre. Tout cela est vrai, mais il n'est pas moins vrai que les performances de nos élèves se dégradent et que les conséquences sont plus graves qu'elles ne l'auraient été il y a vingt ans puisque le capitalisme moderne produit essentiellement des emplois qualifiés. L'école ne peut plus se contenter d'être passable. Elle doit être excellente, or elle ne l'est plus. Pour s'en convaincre, on peut consulter les évaluations qui sont réalisées tant par des organismes internationaux que par le ministère de l'Éducation nationale. Plus de 150 000 jeunes quittent chaque année le système scolaire sans rien savoir ou presque. Dans ce contexte de croissance économique biaisée, autant dire que la société les envoie sous les ponts. D'après le fameux classement PISA[1] de l'OCDE, 20 % des élèves français de 15 ans ne lisaient pas correctement en 2009 contre 15 % en 2000. À ce rythme-là, on tremble en imaginant qu'aujourd'hui, c'est quasiment un quart d'une génération qui frise l'illettrisme. La France se situe très en deçà des pays

1. Program for International Student Assessment.

de niveau de développement économique comparable. Nos scores PISA en mathématiques s'effondrent aussi. À ceux qui pensent par principe que PISA étant une émanation de l'OCDE la méfiance est de mise, le classement CEDRE[1] qui vient du ministère français confirme le désastre. CEDRE estime que 18 % des élèves de fin de collège se trouvent en grande difficulté et peinent simplement à comprendre un texte. Toujours selon CEDRE, 44 % des élèves de 3e souffrent de « compétences fragiles » en mathématiques. Ne parlons pas des langues étrangères, nous allons pleurer : 14 % des jeunes de 15 ans peuvent communiquer en anglais contre 80 % dans un grand nombre de pays comparables. La gauche moralisante et pleurnicharde qui refuse de voir cela manque à ses obligations éthiques basiques. Car PISA montre que les enfants français de familles favorisées s'en sortent. Ce sont les enfants des parents les plus humbles qui souffrent le plus, faisant de l'école française l'une des plus inégalitaires. Et l'échec commence tôt. D'après CEDRE, 30 % des enfants de 10 ans ne savent quasiment ni lire ni compter à la fin du CM2. Personne ne s'occupera plus jamais d'eux sérieusement. La vérité d'aujourd'hui, c'est que la France abandonne les plus pauvres à leur sort. Les gouvernements, de gauche notamment, se donnent bonne conscience en déclamant à pleins poumons la chanson de la lutte contre les inégalités mais, au fond, le sujet ne les intéresse

1. Cycle des évaluations disciplinaires réalisées sur échantillon.

pas. Quant à la droite, elle évoque les réformes tant qu'elle est dans l'opposition mais est paralysée une fois au pouvoir. La folle extrême droite, ici comme ailleurs, profite de ce trou noir.

Les nouveaux rapports de classe

L'école est encore plus importante aujourd'hui que par le passé. Il existe et il existera toujours trois facteurs de production : le capital humain, le capital physique (les machines) et le capital financier. Depuis les années 1990 et la montée des NBPIC, on discerne plus clairement les nouveaux rapports de production. Grâce aux travaux du prix Nobel d'économie Ronald Coase dans les années 1930, les économistes savent que la structure des organisations est étroitement liée au niveau des coûts d'information. En effet, dans un monde où l'information est rare (avant Internet), les grandes organisations verticales comme les États ou les grandes entreprises sont les plus efficaces. Elles seules disposent des moyens financiers et humains qui permettent d'acheter des informations coûteuses et de les amortir. À l'inverse, les petites organisations volent trop près du sol pour être efficaces. La connaissance des marchés, des clients, des fournisseurs leur est trop onéreuse pour qu'elles puissent rivaliser avec les plus grosses entreprises. Mais dans un monde d'informations bon marché (depuis Internet), la hiérarchie s'inverse. Les organisations les plus plates deviennent aussi efficaces que les structures pyramidales, parfois davantage car elles sont plus mobiles et plus réactives. Cette évolution de l'« organisation optimale » change radicalement les rapports de production.

Avant Internet, le pouvoir était exercé par les détenteurs de capitaux financiers (les « bourgeois » chez Marx) sur les salariés. Aujourd'hui, les organisations s'aplatissent et fonctionnent de plus en plus par projets. Dans ce nouveau contexte, celui qui détient le pouvoir n'est pas la figure du bourgeois propriétaire d'usines arborant un embonpoint rassurant, « idéal type » du XIXe siècle des caricatures de Daumier. Car le capital financier n'est plus rien sans le capital humain à tel point que le moment est venu de se demander qui domine l'autre. L'augmentation de la part des dividendes dans le revenu national ne prouve pas grand-chose. Les bourgeois et les financiers essaient de capter le maximum d'une valeur dont ils sentent qu'elle va leur glisser des mains s'ils n'accompagnent pas leur pouvoir en argent d'un pouvoir en intelligence. Le pouvoir économique est aujourd'hui détenu par les individus qui savent sélectionner l'information, la synthétiser et la restituer en plusieurs langues. La classe dominante est composée de ceux que l'Américain Robert Reich nomme les « manipulateurs de symbole ». Parmi ces bienheureux, les fondateurs de Google, Facebook, Apple, Uber, Airbnb, Tesla..., bien entendu, mais aussi la masse des ingénieurs géniaux, des consultants intelligents, des « producteurs d'idées » qui ne craignent pas les progrès des machines et de l'intelligence artificielle. La classe dominée est composée de la « main-d'œuvre générique[1] », pour reprendre le terme forgé par le sociologue espagnol Manuel Castells. Elle rassemble les personnes spécialement formées pour exécuter des tâches particulières, souvent sous l'instruction d'une maîtrise. Elle est composée d'un large spectre de travailleurs, des ouvriers spécialisés à certains ingénieurs en passant par quelques experts-comptables. En réalité, cette classe se définit moins par ses fonctions ou son niveau d'études que par son incapacité à en changer, parce qu'elle n'a pas reçu le bagage culturel et éducationnel adéquat. Ainsi, un jardinier peut composer la « main-d'œuvre générique » si son savoir se limite au jardinage. Mais il peut aussi entrer dans la catégorie des manipulateurs de symbole s'il réinvente son domaine en fonction des évolutions de son environnement. À l'inverse, un directeur financier peut être remplacé par un robot fort en mathématiques. Entre les manipulateurs de symboles et la main-d'œuvre générique se trouve la « main-d'œuvre autoprogrammable » définie par Castells comme celle dont le bagage culturel et éducationnel lui permet de renouveler continuellement son stock de connaissances en fonction de l'évolution de l'environnement technico-économique. La main-d'œuvre autoprogrammable se distingue des manipulateurs de symbole dans

1. Manuel Castells, *The Internet Galaxy: reflexions on the Internet, business and Society*, Oxford University Press, 2001.

la mesure où elle se situe dans une logique d'adaptation (contrairement à la main-d'œuvre générique, passive), mais pas d'impulsion. Les manipulateurs de symboles, en revanche, sont des entrepreneurs schumpétériens qui orientent voire réinventent l'économie et la société.

La principale implication sociale et politique de la mise au jour de la grille de lecture marxiste des classes et des rapports de domination est vertigineuse pour les politiques publiques : c'est désormais moins le capital financier (et son corollaire l'héritage patrimonial) qui importe, que le capital éducationnel (et son corollaire l'héritage culturel qui, c'est vrai, est souvent lié au revenu et au patrimoine des parents). Le combat contre les inégalités doit donc investir prioritairement le champ de l'éducation et non la redistribution des revenus qui ne s'attaque qu'à la surface des choses. C'est l'école qui importe, pas l'impôt, comme le pensent les archaïco-redistributeurs.

Ce qu'il faut faire

Moi, je n'invente rien. J'ai lu et j'ai travaillé. L'éducation fait l'objet d'intenses recherches qui associent neurologues, psychologues et économistes, ce qui a permis à l'OCDE de spécifier les compétences du XXIe siècle : plasticité, capacité d'interaction, initiative, esprit critique et créativité. L'acquisition de ces connaissances n'est possible que si l'on sait lire, écrire et compter. Les systèmes éducatifs ont généralement été construits verticalement et sont devenus de lourdes bureaucraties qui ne sont pas préparées à transmettre ces compétences. C'est pourquoi leur défi est de s'adapter aux enjeux et aux méthodes nouvellement définies, ce qui nécessite de profondes réformes. Souvent, d'ailleurs, le changement ne vient pas du système scolaire lui-même, mais de sa périphérie. Le Danemark propose ainsi avec un grand profit aux jeunes âgés de 14 à 18 ans d'effectuer une année dans une *Efterskole* (littéralement « après-école ») pendant laquelle ils seront aidés à développer des facultés qui ne relèvent généralement pas du système scolaire. Ces aptitudes vont du travail manuel au sport en passant par l'art. Les *Efterskole* laissent une grande part à la liberté et au travail collectif, mais elles sont encadrées par des règles intangibles qui portent dans un style très danois sur des comportements sociaux et dont le non-respect déclenche l'expulsion sans délai. Cette année agit comme un aiguillon qui aide les Danois à trouver leur voie professionnelle après avoir acquis les compétences de base. 15 % d'une classe d'âge passe par une *Efterskole* chaque année et ces élèves s'insèrent remarquablement bien dans la société danoise[1].

Voici ce que les sciences de l'éducation nous enseignent. Ce sont des préceptes que l'on peut suivre ou non, en fonction de l'idée qu'on se fait de son pays,

1. Voir Malene Rydahl, *Heureux comme un Danois*, Grasset, 2014.

et de l'avenir de ses enfants ou des enfants de ses enfants. Cela me semble important :

1. Les moyens financiers doivent être concentrés sur l'école maternelle et primaire

Les jeunes années de scolarité (entre 3 et 10 ans) déterminent en grande partie la trajectoire scolaire et professionnelle d'un individu. Si vous ne jurez que par le collège et le lycée, oubliez ce que vous croyez savoir. L'adolescence, c'est parfait pour consolider et élargir ses connaissances, et pour rencontrer des filles (là je parle de moi). Ceux qui s'intéressent à ces sujets ont entendu parler du Perry Preschool Project[1]. Les États-Unis, dans les sixties : une centaine d'enfants de famille noires désargentées de 4 et 5 ans sont séparés en deux groupes. L'un bénéficie d'un programme intense d'éveil, en petits groupes, avec un système serré de suivi et de rapport aux parents. L'autre groupe ne bénéficie pas du projet. Vingt ans plus tard, on regarde ce que sont devenus les enfants des deux groupes. Ceux qui ont bénéficié du programme ont pour la plupart suivi des études secondaires et perçoivent des revenus supérieurs à 2 000 dollars par mois. Quasiment aucun d'entre eux ne vit en marge de la société. La moitié du groupe n'ayant pas bénéficié du programme a abandonné ses

1. Cette expérience est relatée dans Éric Maurin, *Le Ghetto français*, Seuil, 2004.

études secondaires. Plus du tiers sont devenus des délinquants multirécidivistes.

L'acquisition des compétences de base se réalise pendant la petite enfance et souvent plus tôt qu'on ne croie. C'est particulièrement vrai pour la lecture dont l'apprentissage doit se préparer avant l'entrée en CP. La France a adoré le débat entre la méthode « globale » et la méthode « syllabique ». On aurait pu en faire l'économie car l'ineptie de la méthode « globale » a été établie très tôt. Mais la méthode « syllabique » est insuffisante. Les sciences de l'éducation soulignent l'importance de la « conscience phonologique ». Pour être capable d'apprendre à lire, un enfant doit avoir conscience de l'existence des phonèmes (la plus petite unité sonore du langage, le « pe » de « papa ») et des conséquences de leur assemblage. Sans cette compréhension qui s'acquiert dès la petite enfance, apprendre à lire est difficile voire impossible. Les instituteurs de maternelle doivent donc être formés de manière très rigoureuse à cette forme d'enseignement, de la même façon qu'il faut contrôler la connaissance du vocabulaire des enfants avant leur entrée au CP. En réalité, cette « pratique du langage » devrait même commencer dès la crèche. L'apprentissage des mathématiques n'est pas très différent. À la limite, savoir compter de façon linéaire peut induire des enfants en erreur. Savoir que 5 arrive après 4 est pauvre. Savoir que 5 = 3 + 2 ou 4 + 1 est riche. Les enfants doivent comprendre et apprivoiser les chiffres.

Si l'on demande beaucoup aux enseignants de maternelle comme de primaire, il faut les rémunérer davantage et diminuer la taille des classes, ce qui nécessite des moyens financiers. La courbe de financement optimale du système éducatif a une forme de U. Les moyens doivent être concentrés au début de la scolarisation (en maternelle et en primaire) et à la fin (à l'université). Or, d'après les statistiques de l'OCDE, la France se distingue de trois façons. Premièrement, les enseignants du primaire perçoivent chez nous des rémunérations nettement moins élevées que leurs collègues des autres pays riches. Deuxièmement, le taux d'encadrement est plus élevé dans le secondaire que dans le primaire. Troisièmement, l'écart de salaires entre enseignants du primaire et du secondaire est plus marqué qu'ailleurs : 9 % chez nous contre 5 % chez nos voisins. Plus encore : il faudrait corriger ces salaires du temps de travail, de 40 % plus élevé dans le primaire que dans le secondaire, ce qui a une implication budgétaire directe : il y a beaucoup plus d'enseignants dans le secondaire que dans le primaire. Nos enseignants du primaire (et de la maternelle) sont sous-rémunérés au regard des services qu'ils sont censés rendre à la nation. Plus généralement, l'enseignement maternel et primaire souffre d'un sous-investissement financier chronique. La prédominance du secondaire est illustrée par le rôle du bac, devenu au fil des décennies l'objectif directionnel de l'enseignement scolaire. Chaque année, je propose sa suppression. Chaque année, l'administration me répond : c'est un rite. Nous vivons donc dans une société magique.

2. Réduire la taille des classes dans les zones difficiles permet de combattre l'illettrisme

Luc Ferry a développé des idées précises pour combattre l'illettrisme. Quand il était ministre, il avait décidé de réduire la taille de 100 classes situées en zone d'éducation prioritaire à 10 élèves[1]. Formé à la rationalité des philosophes grecs et peu intéressé à la politique politicienne, ce ministre original avait suivi ce que les sciences éducatives commandaient. Mais quelques mois après le début de cette expérimentation, la technocratie du ministère, largement relayée par quelques journalistes désireux d'en découdre avec le ministre, précise que, en fin de CE1, les élèves qui ont bénéficié du dispositif ne sont pas meilleurs que les autres. La mesure est donc supprimée, au grand soulagement des « budgétaires » du ministère. Alerté par ces résultats qui heurtent le sens commun, le professeur en sciences de l'éducation Pascal Bressoux décide d'auditer cette étude. Stupeur : le groupe test et le groupe témoin utilisés dans l'évaluation du ministère ne sont pas homogènes. Dans les classes à effectif réduit, les enseignants sont moins expérimentés que dans les autres. Quand Bressoux refait l'étude

1. Cet épisode édifiant est parfaitement relaté dans le livre de Maryline Baumard, *op. cit.*

en corrigeant ces erreurs de débutant, il réévalue l'effet « petite classe » de 60 %. Thomas Piketty s'est intéressé au sujet en 2006. Il montre que les petits groupes d'élèves obtiennent toutes choses égales par ailleurs des résultats en français et en mathématiques supérieurs aux autres. Les études réalisées aux États-Unis corroborent ces résultats : réduire la taille des classes dans les zones difficiles permet de lutter efficacement contre l'échec scolaire dans les petites classes. Vous imaginez la réaction de Luc Ferry lorsque, dix ans après qu'il a quitté son ministère, je lui ai passé les études démontrant qu'il avait eu raison... J'ai appris de nouvelles injures.

3. Aider tôt les enfants en difficulté est plus utile que les faire redoubler

Il existe dans les sciences sociales quelques règles statistiques bien établies. Ainsi, le coût de résolution d'un problème est croissant avec le temps. Cette croissance peut même être exponentielle. C'est le cas pour les difficultés scolaires et c'est pourquoi il faut les repérer tôt et y apporter la solution adaptée. À cet égard, le redoublement non seulement ne sert strictement à rien, mais renforce le sentiment d'échec et stigmatise. Les élèves en difficulté qui redoublent n'obtiennent pas de meilleurs résultats que ceux qui passent directement en classe supérieure. L'argent public consacré au redoublement est donc jeté par les fenêtres. En revanche, identifier les enfants en difficulté, les placer sous tutorat et les faire travailler individuellement est d'une efficacité redoutable. Les parents aisés ne s'y trompent pas et placent leur progéniture sous perfusion de cours particuliers. Les autres sont laissés à leur sort.

4. Mettre l'innovation pédagogique au service de la lutte contre l'échec scolaire

Enfants et adolescents ont du mal à se remettre de l'échec. L'échec scolaire diminue l'estime de soi et façonne un déterminisme qui peut ternir une vie. C'est pourquoi les méthodes pédagogiques doivent être pensées pour minimiser le risque d'échec scolaire. On sait par exemple que l'on apprend mieux ce que l'on expérimente soi-même. L'enseignement gagne donc à être plus participatif, en petits groupes, plutôt que descendant quand le professeur s'exprime seul devant une grande classe. À ce titre, les classes Montessori montrent un sentier que l'on peine à emprunter en France alors qu'il commence à être bien défriché. La pédagogie Montessori adapte les travaux au rythme d'apprentissage naturel de l'enfant et met à sa disposition des outils sensoriels, jeux de construction, poupées, lettres en bois, tableaux, éponges… qui facilitent l'apprentissage intellectuel et manuel. Il s'agit de placer un enfant sur le chemin de la réussite et d'éveiller en lui le plaisir de la curiosité et de la plasticité de l'esprit. Plus tard, il est nécessaire d'ouvrir dès la 5e des classes en alternance avec les entreprises, les CFA et les lycées professionnels pour diversifier l'apprentissage des adolescents pendant deux ou trois demi-journées par semaine. Les savoirs « intellectuels » de base doivent être acquis à l'entrée en 6e. Il est absurde d'obliger des collégiens à rester une journée entière dans une classe à écouter des professeurs alors qu'ils pourraient par exemple devenir de formidables artisans.

5. Le comportement des élèves suit le comportement des familles

La détection précoce des difficultés impose d'impliquer les familles dans le parcours scolaire de leur enfant. Le chômage, les séparations, les difficultés d'intégration éloignent les parents des soucis scolaires de leurs enfants. Maryline Baumard cite les travaux réalisés par l'École d'économie de Paris sur l'implication des parents au collège[1]. Les obliger simplement à rencontrer les enseignants, à participer à des réunions pour les conduire à connaître les programmes et les options améliore les notes et le comportement des élèves. Cet effet positif est aussi mesuré chez les enfants des parents non concernés qui bénéficient de l'implication renforcée d'une poignée d'adultes. D'un côté, on dépense des centaines de millions

1. « Quels effets attendre d'une politique d'implication des parents d'élèves dans les collèges ? Les enseignements d'une expérimentation contrôlée », rapport pour le haut commissaire à la Jeunesse, 2010.

d'euros en redoublements ou pour organiser le bac, de l'autre on s'abstient de mettre en place des dispositifs simples (des incitations ou des sanctions financières) dont on sait ou dont on devrait savoir qu'ils sont efficaces.

6. Rendre la formation continue des enseignants obligatoires permet d'augmenter la qualité de l'offre éducative

Les sciences de l'éducation évoluent mais les enseignants ne le savent pas toujours, au malheur des élèves, car l'Éducation nationale gèle ses employés dans un savoir acquis il y a parfois plusieurs décennies. L'Unesco rappelle que les professeurs les moins performants font décrocher les élèves les plus faibles, pas les meilleurs[1]. Ainsi, la qualité du corps professoral, ce que les scientifiques nomment « effet maître », a des conséquences sur les inégalités scolaires et donc, plus tard, sur les inégalités de revenus. Mais surtout n'en parlons jamais puisque ce serait stigmatiser le corps enseignant, dont la gauche veut conserver les suffrages, et que la droite veut gagner. À cette aune, l'avenir des petits est secondaire.

La formation initiale doit incorporer les avancées récentes de la psychologie cognitive, notamment

1. Unesco, « Qualité de l'enseignement et qualité de l'éducation », 2005.

pour sensibiliser les futurs enseignants à l'importance de la conscience phonologique. Et ce n'est pas faire insulte aux enseignants déjà en poste que de remarquer qu'ils doivent périodiquement remettre à jour leurs savoirs. Comme le propose l'Institut Montaigne, la formation continue devrait être obligatoire, s'enrichir de stages à l'université, dans des associations ou en entreprise. Elle devrait également être prise en compte dans l'évolution de la carrière des enseignants, qui doivent accepter, de temps à autre, de redevenir des élèves.

Est-ce possible ?

Je connais cette musique peu harmonieuse par cœur. Rien ne pourra faire obliquer le mammouth (j'utilise ce terme désormais consacré bien que je le trouve horrible). Sauf que l'Éducation nationale encaisse sans broncher une réforme par ministre, c'est-à-dire une réforme tous les dix-huit mois, ce qui montre qu'elle n'est pas affectée d'un simple conservatisme mais d'une certaine forme de conservatisme. Il est d'ailleurs piquant de constater que les personnels enseignants ont l'impression de vivre dans un ministère qui n'arrête pas de se réformer et non pas dans un temple du conformisme. La dernière grande réforme en date, celle des rythmes scolaires, fut de grande ampleur, épuisante pour les nerfs des enseignants et des parents, et complètement ratée dans la mesure où elle n'a rien apporté de positif aux élèves. Oublions donc un moment le mot « réforme » et faisons entrer dans le vocabulaire éducatif celui d'« autonomie ». La science éducative nous offre un guide des bonnes pratiques pédagogiques. Le ministère doit les affirmer, rendre obligatoire le respect de certains principes, changer la formation des enseignants : à charge pour eux, suivant ces bons principes, de les appliquer comme ils l'entendent. L'expérience montre que les bonnes pratiques se diffusent mieux par le bas que par le haut. Faire entrer l'Éducation nationale dans l'âge de l'autonomie n'est pas plus difficile qu'enchaîner les réformes imposées par la tête du ministère.

Regardons l'évolution du système britannique depuis une dizaine d'années. C'est Tony Blair qui avait initié la politique d'autonomisation des établissements scolaires primaires et secondaires. Sous sa direction, les travaillistes avaient autorisé la conversion des écoles existantes en académies autonomes dans les zones où l'école publique avait échoué. Suivant les modèles suédois et américain, le gouvernement conservateur de David Cameron a proposé à des parents et enseignants, regroupés en communautés religieuses ou caritatives, ou non, d'ouvrir des *free schools*, écoles libres et gratuites à la fois. Ces *free schools* sont véritablement autonomes dans la mesure où elles disposent d'une grande liberté dans les choix pédagogiques, la gestion (y compris des ressources humaines) et les rythmes scolaires. Dans certaines écoles, le latin est obligatoire, dans d'autres la musique. Certaines interdisent le téléphone portable. Dans les quartiers difficiles, la question des valeurs et de l'autorité, à la demande des parents, est mise en avant. Dans nos sociétés, l'amour des enfants est ce qui compte le plus, c'est le dernier domaine de nos vies qui relève du sacré. C'est pourquoi l'implication des parents dans ces écoles est forte. Qu'on ne crie pas à la privatisation de l'éducation ou au risque inégalitaire. Contrairement à la pratique suédoise, *free schools* et *academies* sont fermées au secteur lucratif. Leur accès est gratuit alors que le coût des meilleures écoles privées est prohibitif. Elles sont intégralement financées par l'État sur les mêmes bases que les écoles publiques : un montant forfaitaire par élève modulable selon son origine sociale. En pratique, le recrutement des élèves est proche du système français de la carte scolaire : les enfants vont dans une école à côté de chez eux.

Des milliers d'écoles ont été transformées en *academies* et des centaines de *free schools* ont été créées. La concurrence entre les établissements est vive. Elle se polarise sur quelques indicateurs comme le ratio professeurs à plein temps/élèves. La liberté accouche de la diversité. Le LIPA (Liverpool Institute of Performing Arts), cocréé par Paul McCartney en 1995 sur le site de l'école de son enfance, a reçu l'agrément de l'État pour la création d'une *free school* qui mettra l'accent sur l'éducation par l'art et la créativité en promettant d'offrir à ses élèves la meilleure éducation dans les compétences de base. Heureux pays où un grand artiste peu créer des écoles.

Les premiers résultats sont prometteurs. En Suède et aux États-Unis, les performances des établissements sont inégales mais le système profite davantage aux élèves urbains de familles défavorisées. En Angleterre, les *free schools* affichent les meilleurs résultats au GCSE (le General Certificate of Secondary Education, l'équivalent du brevet des collèges français). La France pourrait proposer aux établissements qui le souhaitent de devenir autonomes mais en contractualisant avec le ministère. Ainsi, ceux qui respectent les principes pédagogiques dont le caractère positif est avéré par les sciences de l'éducation pourraient recevoir des dotations par enfant plus élevées que les autres. Il ne s'agit pas de plaquer un modèle étranger sur ce qui existe en France mais de s'inspirer de ce qui fonctionne ailleurs en l'améliorant. Dans une situation de destruction-créatrice schumpétérienne, les Suédois et les Britanniques nous montrent comment un système éducatif peut lui-même se libérer, innover, diffuser les bonnes pratiques et former des enfants qui développeront les qualités de rigueur et de créativité qui permettent de s'épanouir dans ces phases de changement. David Cameron a mené, sans le savoir, une politique marxiste. La gauche française ne parle que d'impôt et considère que, avec sa réforme ridicule et ratée des rythmes scolaires, elle a « refondé » l'école. On en rirait si nos enfants n'étaient pas les victimes de cette négligence. Cessons notre condescendance à l'égard des pays étrangers, surtout quand ils nous parlent de choses importantes comme l'éducation.

Conclusion

Réveiller la démocratie

Accepter l'imperfection démocratique

Face à la démission démocratique et à la perte de pouvoir de la pensée rationnelle, la tristesse ne suffit pas, ni le mal de ventre. Je m'en voudrais d'avoir abandonné l'histoire ici. Peut-être irai-je vivre ailleurs, ces prochaines années. J'ai tant rêvé d'habiter à Manchester, la ville de tous mes fantasmes, musicaux notamment, mais pas seulement. Le drame français, l'arrivée de l'extrême droite au pouvoir, serait la terrible occasion. Mais partir sans avoir rien tenté, ça ne se fait pas, ce ne serait pas correct.

Le sursaut peut venir d'une crise, grave, très grave. Comme me l'expliquait un ministre espagnol de la Fonction publique dans le décor moderniste-XIXe siècle de l'Ateneo[1], un péril peut être le prétexte à une catharsis collective. La crise économique espagnole a ravivé le sentiment européen et l'honneur

1. L'Ateneo Científico, Literario y Artístico de Madrid est une institution culturelle privée fondée à Madrid en 1835.

du peuple. C'est ce que l'on avait pu rêver après les attentats chez *Charlie Hebdo* et que l'on a appelé l'esprit du 11 Janvier. Cet esprit préexistait aux attentats qu'ils ont révélé. Il n'est pas mort mais n'a pas eu de traduction politique en dehors de l'augmentation des dépenses militaires.

Peut-être faut-il espérer pouvoir encore compter sur cet esprit pour réformer intelligemment, au-delà du champ sécuritaire. Souhaitons-le car on ne peut attendre que le pire arrive pour rendre un peuple à la raison d'autant que cela ne fonctionne pas toujours. Dans sa magnifique autobiographie, *Le Monde d'hier*, Stefan Zweig raconte comment la crise des années 1930 a destructuré la conscience sociale des Allemands et des Autrichiens, et les a menés au nazisme. Si la raison revient d'elle-même, c'est mieux.

Cela dit, il faut euthanasier l'idée selon laquelle une démocratie, même basée sur la raison des citoyens, pourrait parfaitement fonctionner. La phrase de Churchill « la démocratie est le pire système de gouvernement à l'exception de tous les autres » atteint une vérité à laquelle peu d'expressions synthétiques peuvent prétendre. Le monde n'est pas irréprochable et tant mieux. Que l'on est soulagé quand on a admis que les sociétés sont imparfaites ! Cela repose du souci d'atteindre la perfection. Dans *Le Savant et le Politique*, Max Weber souligne l'existence de plusieurs antinomies qui empoisonnent la vie publique, mais qui n'en sont pas moins incontournables. Ainsi, l'éthique de responsabilité doit parfois laisser de côté l'éthique de conviction. Weber signifie par là que l'homme d'action doit fonder son éthique sur les conséquences de ses actes qui, elles, doivent être morales, même au prix de mensonges légers et passagers. Cette idée peut choquer mais son opposé, la pure éthique de conviction, est pire. Que dirait-on de la morale d'un collaborateur qui refuserait la résistance par pacifisme pur ? D'ailleurs, deux valeurs morales peuvent être incompatibles. Il existe même une antinomie propre à la seule notion de justice. Faut-il corriger les inégalités naturelles ou, au contraire, rétribuer chacun selon ses qualités propres ? En pratique, la fiscalité dans les démocraties balance entre les deux, cette imperfection étant ce qu'on peut faire de mieux. Weber remarque aussi avec justesse qu'à l'intérieur d'un groupe humain il n'existe pas de politique qui soit bonne pour chacun. L'idéal de Pareto selon lequel l'optimum social est atteint quand on ne peut plus agir sans dégrader la situation d'au moins un individu est un graal qui n'existe pas dans la réalité. Toutes les politiques publiques, y compris celles fondées sur la raison, font des perdants à court terme de la même façon que l'innovation schumpétérienne est tragique pour ceux qui ne se réinventent pas. La dégressivité des allocations chômage rendra certaines situations individuelles difficiles et les associations de lutte contre la pauvreté ne manqueront pas de dénoncer... une politique déraisonnable. La réforme de l'éducation proposée dans ces pages est pensée pour soutenir les élèves les plus fragiles mais elle exclura du système des enseignants qui ne manquent sans doute pas de qualités mais qui sont incapables de s'adapter à tant de changements pédagogiques. Il y a du tragique dans ces mutations.

C'est pourquoi il existe un « biais du statu quo » qui, lui, est rationnel et contre lequel il est difficile de lutter. Un exemple numérique simple m'aidera à me faire comprendre. Imaginez une société dans laquelle 40 % des personnes sont qualifiées et 60 % peu qualifiées (cette représentation du monde est une simplification à outrance mais je recherche ici un maximum de clarté pédagogique). Supposons que le gouvernement diminue la fiscalité sur l'épargne vers les entreprises. Cette politique favorise l'investissement et donc la croissance économique. Mais nous savons que la croissance est « biaisée » : elle profite à la part qualifiée de la population. Supposons néanmoins que 45 % des travailleurs non qualifiés parviennent à bénéficier de cette croissance. 55 % d'entre eux en sont exclus. En tout, 33 % de la population est perdante et 66 % gagnante. Il convient donc *a priori* de mener une telle réforme. Néanmoins, 60 % de la population, c'est-à-dire plus de la moitié, peut être perdante et ne soutiendra pas la réforme alors qu'elle profitera *in fine* aux deux tiers de la population[1]. Cet exemple montre pourquoi un gou-

1. Je tire cet exemple de la conférence que Jeffrey Sachs a donnée en avril 1994 à l'Université de l'Utah intitulée « Shock Therapy in Poland : Perspectives of Five Years ». Il y montrait notamment les obstacles politiques à la transition du socialisme vers l'économie de marché.

vernement intéressé par l'intérêt général ne doit pas toujours suivre l'opinion publique en cours de mandat mais doit, en permanence, expliquer pourquoi il mène des réformes et quel en est le résultat attendu. Cela exige beaucoup de courage, de pédagogie et de crédibilité, des qualités qui manquent aux gouvernements en France et sans lesquelles la raison, bien qu'indispensable, est peu de chose.

Réintroduire la raison dans l'expression démocratique

Les démocraties sont imparfaites, c'est dans leur essence. La raison citoyenne est insuffisante, soit. Elle n'en est pas moins nécessaire. La pratique de la politique en démocratie n'est pas de réaliser à la lettre ce que les experts et les intellectuels conseillent. De cette réflexion vieille comme la démocratie et les dialogues de Socrate et Protagoras, on s'accorde à penser dans notre vieille Europe que la manière de construire une flotte maritime est du domaine de l'expertise alors que la décision de construire ou non une flotte maritime relève du choix démocratique. Bien sûr, mais encore faut-il que les citoyens soient correctement informés et fassent usage de leur raison pour prendre la bonne décision ! On ne tranche pas des choix militaires à la légère ! La démocratie doit sans cesse chercher à s'améliorer car elle a l'étrange pouvoir de s'autodétruire, comme l'a montré l'Allemagne dans les années 1930.

Et c'est bien le retour du nationalisme de droite, fondé sur les passions – qui s'allie d'ailleurs facilement avec l'extrême gauche –, qui constitue la principale menace politique du moment. Le livre de Michel Houellebecq, *Soumission*, a déclenché à juste titre un débat au-delà des frontières françaises, mais le danger de l'arrivée au pouvoir d'un parti islamique est théorique. Les musulmans pratiquants représentent une infime minorité de Français et il n'y a strictement aucune chance pour qu'une formation politique islamique passe le cap de la confidentialité. En France, la menace politique à court terme est celle de la montée du Front national, qui prospère sur l'incurie des partis modérés qui auront, si la catastrophe arrive lors d'une élection présidentielle, une responsabilité écrasante au regard de l'Histoire.

Alors que faire ?

En 1970, l'économiste américain d'origine allemande Albert O. Hirschman publia un ouvrage intitulé *Exit, Voice and Loyalty*[1]. Il étudia la meilleure réponse qu'un consommateur, salarié, membre d'association ou de syndicat, ou citoyen puisse apporter dans une situation où il est mécontent du produit qu'on lui vend, du comportement de son employeur ou de son gouvernement. Hirschman distingue deux grandes catégories

1. *Face au déclin des entreprises et des institutions*, Éditions ouvrières, 1972, pour la traduction française.

d'actions de protestation : le départ (*exit*) qui consiste à changer de fournisseur, à quitter une association, à démissionner ou à s'exiler (par exemple pour des raisons fiscales), ou l'expression (*voice*) qui exprime son irritation. Aucune stratégie n'est préférable à l'autre dans l'absolu. Le choix optimal dépend des circonstances. Mais la stratégie de l'*exit* pose deux problèmes : d'une part, elle est définitive car il est difficile de revenir dans un cénacle que l'on a quitté avec pertes et fracas ; d'autre part, elle est moralement attaquable dans la mesure où elle entraîne un phénomène de dégradation cumulatif. Ainsi, une personne fortunée qui va vivre à l'étranger pour des raisons fiscales aura beaucoup de difficultés à revenir et, en partant, elle aggrave les difficultés de son pays. La *voice* nécessite la mise en place d'une stratégie, de réseaux d'expression qui pourront ensuite avoir une influence sur les parties décisionnaires. C'est un choix de long terme qui demande un investissement important mais dont la rentabilité est potentiellement élevée. La *voice* est forcément une méthode collective pour être efficace alors que l'*exit* est souvent individuel. La situation la pire, pour Hirschman, c'est le mécontentement sans rien dire, un comportement qui n'est en rien loyal à l'égard de son propre pays, et qui est pire que partir.

C'est pourquoi les individus de bonne volonté ont un devoir moral d'action et d'expression, qui peut passer par l'écriture. « Écrire, c'est agir », dit Mario Vargas Llosa, s'inspirant de Sartre. Mais si l'expression est collective, sa force en est démultipliée. Vargas

Llosa a d'ailleurs été, certes sans succès, candidat à la présidence de son pays. C'est l'une des raisons pour lesquelles j'ai, il y a quelques années, créé une entreprise qui fédère une équipe. Il m'a toujours semblé que je ne pourrais pas déplacer le buffet de la cuisine seul alors qu'à plusieurs cela devient facile. Les avocats de la raison, des *evidence based policies*, peuvent se regrouper et doivent avoir confiance en leur capacité à influencer les débats. Nous ne devons pas craindre la multiplication des moyens d'expression. En France, ils sont nombreux. Chacun peut écrire dans la presse ou, plus facilement encore, sur Internet, surtout depuis la montée en puissance des réseaux sociaux. Évidemment, Internet est avant tout une « immense poubelle » dans laquelle on trouve toutes les théories possibles du complot et les défenses les plus caricaturales du polylogisme avec parfois une tendance à l'antisémitisme. Mais c'est justement l'une des raisons pour lesquelles ces médias doivent être utilisés, de la même façon qu'il faut être présent dans les médias classiques. Sans doute la société civile doit-elle également mieux s'organiser pour ne pas laisser un grand vide entre l'expression sur Internet ou dans la rue et l'État.

Ainsi en est-il de l'organisation de conférences de consensus. Cette pratique s'est généralisée dans le corps médical à la fin des années 1970 aux États-Unis. Il s'agissait de définir le meilleur protocole de prise en charge pour une pathologie donnée. Au début réservées aux professionnels, elles se sont peu à peu ouvertes aux patients puis à la population. Il serait formidable que le monde de l'économie ou de l'éducation puisse convoquer de telles conférences pour proposer au gouvernement des mesures précises assorties de calendriers et d'études d'impact. Ce serait en théorie le rôle de l'université française, mais qu'est-elle devenue ? Notre pauvre université ne produit quasiment plus d'idées et, en France, à la grande différence des États-Unis, le débat public est à 90 % tenu par des non-universitaires. Plusieurs *think tanks* œuvrent dans un sens positif, mais ils souffrent parfois d'être teintés d'une coloration partisane. Des académies ou des réunions de syndicats professionnels pourraient organiser de tels événements, au niveau français ou, mieux, européen. Il ne faut surtout pas attendre de l'État qu'il prenne de telles initiatives, lui qui, à un moment ou un autre, les considérera comme une façon de restreindre sa liberté de choix. Il s'agit à la fois d'informer l'opinion publique et de placer l'État devant ses responsabilités en lui montrant que des évidences existent, et pas seulement dans le domaine des sciences « dures ».

Ces conférences seront pleinement utiles si la culture de la mesure s'étend. Les sciences statistiques ont réalisé des progrès colossaux ces dernières années et il n'y a pas de raison que cela cesse à brève échéance, au contraire même grâce à l'explosion du *big data*. Or les choix politiques pertinents s'appuient nécessairement sur des évaluations et des expérimentations. L'État français est peu enclin à les réaliser car il aurait l'impression de se juger lui-même et donc, souvent, de s'autocritiquer. C'est pourquoi ces études doivent être financées et menées par des experts indépendants. La technologie a fait chuter le coût des données et de leur traitement, ce qui est une chance pour la démocratie. Poussons l'État à diffuser les données qu'il détient pour laisser sa chance à l'*open data*. L'assurance maladie possède par exemple des chiffres sur la qualité de notre système de soin dont les chercheurs en science sociale pourraient tirer des enseignements passionnants et utiles. C'est aux Français d'exiger des pouvoirs publics, dans l'intérêt collectif, qu'ils laissent jaillir ces sources d'informations.

Réforme des institutions

Si la sphère de la raison veut retrouver du pouvoir, l'expression publique, bien qu'elle soit indispensable, ne suffit pas. J'ai montré que la présidentialisation à outrance de la République française, elle-même héritée de l'Ancien Régime, appauvrit nos débats en faisant d'une poignée de personnalités politiques des « délégataires de la raison ». Ce problème n'est pas sans solution. Simplement, nous avons besoin de sortir du système oligarchique des « politiques de métier ». La suppression du cumul des mandats est un premier pas dans ce sens, positif mais insuffisant. Ainsi, un nouvel acte de décentralisation serait souhaitable, non pas pour fabriquer des « grandes régions » ou des « grandes métropoles », non pas principalement pour « faire des économies », mais pour vivifier la démocratie locale. C'est aussi une raison pour laquelle il convient de conserver d'utiles structures existantes comme le Conseil économique social et environnemental qui apporte beaucoup aux discussions, bien que la mode commande de vouloir le supprimer pour des raisons budgétaires, comme si c'était là que nous allions trouver les dizaines de milliards d'euros nécessaires pour réduire les dépenses publiques et les prélèvements obligatoires, économiquement néfastes et socialement insupportables dans notre pays.

Ah, comme je sais que la décentralisation est critiquée en France, accusée d'encourager le clientélisme, la corruption et le népotisme ! La France est marquée à jamais par la révolution de 1789 et reste influencée, sans le savoir, par le pamphlétaire Abbé Sieyès[1] : « Qu'on ne soit donc pas étonné si l'ordre social exige avec tant de rigueur de ne point laisser les simples citoyens se disposer en corporations. » Par « corporations », Sieyès entend tout ce qui peut interférer dans la relation entre les citoyens et l'État, seul garant des libertés. Dans notre tradition française, l'État affranchit, libère, égalise, et les corps intermédiaires et collectivités locales polluent et corrompent. Cette argumentation peut intellectuellement séduire, mais la réalité est toute différente : la nature de l'État

1. Son ouvrage *Qu'est-ce que le tiers état ?* a été publié en janvier 1789 en prélude à la convocation des états généraux.

n'est pas de rester, raisonnable, à sa place, loin de ce qui ne le concerne pas. C'est au contraire d'envahir l'espace laissé libre, sous forme de dépenses publiques comme de réglementations. C'est pourquoi la démocratie nécessite des contre-pouvoirs, privés et publics. Prenant l'exemple américain, Tocqueville démontre que rien n'est plus rationnel que la libre association qui doit aller jusqu'à la construction et la gestion des prisons, des hôpitaux et des écoles. Quelques années après sa *Démocratie en Amérique*, Tocqueville dénonce dans *L'Ancien Régime et la Révolution* les vices de la centralisation, point commun entre l'Ancien Régime et la France d'aujourd'hui. D'ailleurs, nos thuriféraires de la centralisation oseraient-ils prétendre que le clientélisme est plus présent en Suisse et en Allemagne, les deux pays les plus décentralisés d'Europe, qu'en Bulgarie et en Grèce, États les plus centralisés[1] ?

Si la présidentialisation est un problème, la montée en puissance du Parlement doit constituer un élément de la solution, ce qui pose la question de l'élection des députés au scrutin proportionnel. À la limite, il vaut mieux que la pensée du Front national se dévoile au Parlement, au sein d'un lieu de débat officiel à défaut d'être toujours rationnel. Les partis extrémistes profitent de ne jamais gouverner et, une

1. D'après une étude publiée par l'Assemblée des régions d'Europe en mai 2009 et réalisée par l'institut Bak Basel intitulée « De la subsidiarité à la réussite : l'impact de la décentralisation sur la croissance économique ».

fois au pouvoir, il est trop tard. Leur idéologie inepte prend alors les citoyens qui les ont naïvement portés aux nues par surprise. Peut-être le Parlement peut-il constituer le « sas de décompression » qui permettrait à la pensée magique de dévoiler sa vraie nature. Passer à la proportionnelle intégrale supposerait en outre d'abolir les circonscriptions, ce qui contribuerait à dissocier enfin le rôle des collectivités locales de celui de l'État.

Si l'on a confiance dans la raison humaine, il faut aller au bout de sa logique. Nos débats sont de moins en moins sérieux parce que les citoyens sont laissés en dehors du jeu. Si un petit groupe de *deep ecologistes* malthusiens a pu faucher des champs d'expérimentation OGM, mettant à terre plusieurs années de travail de brillants chercheurs, c'est aussi une conséquence d'un manque démocratique. Bien sûr, certains « grands débats » officiels sombrent rapidement dans le ridicule, comme celui que Nicolas Sarkozy président de la République avait organisé sur l'identité nationale, et qui a rapidement transformé les salles réservées par les préfectures en déversoirs d'idées racistes. Mais c'est que l'identité d'un pays, notion floue s'il en est, n'exige pas de débat contradictoire ! Décider, en revanche, si la France doit autoriser la production d'OGM sans contrainte, l'autoriser sous conditions, l'interdire ou prohiber à la fois la production à des fins commerciales et la recherche peut faire l'objet de conférences de consensus et de débats à la suite desquels les citoyens peuvent trancher.

C'est pourquoi des référendums d'initiative populaire[1] pourraient permettre de réfléchir plus en profondeur aux sujets qui nous agitent. J'ai ainsi suivi nombre de ces « votations » dont les Suisses sont friands. Il y en a beaucoup, sur des sujets généraux (l'immigration) et techniques (la localisation de l'or de la Banque de Suisse). L'herbe semble toujours plus verte ailleurs, mais les votations ont le mérite de responsabiliser les citoyens et les obligent à réfléchir. Depuis des années que j'observe ces référendums locaux et nationaux, les questions me semblent parfois étranges, mais les débats souvent intéressants. Au moins, les problèmes sont posés sur la table et exposés au grand jour. Il y a peu de chances pour que l'État français, si paternaliste, accepte avec bienveillance la possibilité des référendums d'initiative populaire. C'est pourquoi il n'y a pas d'autres solutions que d'organiser une pétition populaire pour demander la possibilité d'organiser légalement ces référendums. Il faut bien casser ce cercle vicieux.

Destin européen, destin français

La raison ne peut pas gagner à tous les coups mais il faut escompter que la rationalité, l'éthique et la

1. Référendums convoqués non par le président de la République mais par un groupe de citoyens dont le nombre minimal est défini par la loi.

modération auront davantage à proposer que la pensée passionnelle et magique. Dans cette tâche, les partis politiques de centre gauche et de centre droit ne nous ont pas beaucoup aidés, se rendant coupables de manque de réflexion et de courage, et laissant le champ libre à l'apparente cohérence des extrêmes. Mais il faut reprendre cette lutte qui se situe dans la lignée des grands combats des intellectuels européens depuis l'Antiquité, d'Aristote à Érasme, Zweig et Camus. La raison fait le lien entre le respect de nos traditions et notre capacité à s'approprier l'avenir. Elle fonde une certaine idée de l'Europe, une identité même mais qui n'exclut personne puisque le monde entier peut y adhérer. L'Europe, c'est la pensée « élargie » et « rationnelle ».

Le mythe d'Europe est malheureusement peu connu. Europe était une belle jeune femme, la fille d'Agénor, le roi de Tyr (le Liban d'aujourd'hui), qui se baignait avec ses amies sur une plage de Sidon. Zeus, qui aimait les jolies femmes, s'en éprit. Pour ne pas éveiller les soupçons de sa femme Héra, il prit l'apparence d'un taureau blanc immaculé tenant une touffe de crocus entre les dents. Europe se laissa séduire et monta sur le blanc taureau qui l'enleva et l'emmena en Crète. Ils s'aimèrent ou pas (peut-être la viola-t-il) sous un saule qui ne perdit jamais son feuillage. Zeus, éternel séducteur, se lassa d'Europe et la maria avec le roi de Crète. Durant ce temps, Agénor avait envoyé ses fils chercher leur sœur, mais en vain. Les frères d'Europe purent néanmoins fonder des cités durant leur voyage.

Le destin d'Europe est d'être arrachée à sa terre d'origine, de voir grand et d'aller loin. La tradition de l'Europe, depuis l'Antiquité grecque, c'est la démocratie et la discussion rationnelle. Dans le concert intellectuel européen de ces derniers siècles, la France ne fait pas pâle figure. Mais, depuis quelques années, nos choix politiques, notre refus de nommer les problèmes, la propension des partis traditionnels à flatter nos peurs enfantines, notre inclination à nous jeter dans les bras des extrêmes suscitent de l'incrédulité souvent, de l'inquiétude parfois. En réhabilitant un débat franc et rationnel contre les coups de butoir des politiciens barbares, nous faisons vivre la pensée européenne, et nous contribuons à sauver la France.

Bibliographie

BAUMARD Maryline, *La France enfin première de la classe*, Fayard, 2013.

CAHUC Pierre et ZYLBERBERG André, *Les Ennemis de l'emploi*, Flammarion, 2015.

CAHUC Pierre, CARCILLO Stéphane et ZYLBERBERG André, *Labor Economics*, MIT Press, 2014.

CASTELLS Manuel, *The Internet Galaxy : reflexions on the Internet, business and Society*, Oxford University Press, 2001.

CHOJNICKI Xavier et RAGOT Lionel, *On entend dire que l'immigration coûte cher à la France*, Eyrolles, 2012.

COMTE-SPONVILLE André, *Petit Traité des grandes vertus*, PUF, 1995, réed. Points, 2014.

DELAVAULT Robert, *L'Asepsie un demi-siècle avant Pasteur : Ignace Semmelweis (1818-1865)*, L'Harmattan, 2007.

FERRACCI Marc, *Évaluer la formation professionnelle*, Presses de Science-Po, 2013.

FERRY Luc, *La Révolution de l'amour*, Plon, 2010.

FERRY Luc et BOUZOU Nicolas, *La Politique de la jeunesse*, Odile Jacob, 2011.

GARRIGUES Jean, *Les Hommes providentiels, histoire d'une fascination française*, Seuil, 2012.

HIRSCHMAN Albert O., *Face au déclin des entreprises et des institutions*, Éditions de l'Atelier, 1972 pour la traduction française.
HORKHEIMER Max, *Critique of Instrumental Reason*, Francfort-sur-le-Main, 1967.
KLEIN Étienne, *Allons-nous liquider la science ? Galilée et les Indiens*, Flammarion, 2008.
MARTINOT Bertrand, *Chômage : inverser la courbe*, Les Belles Lettres, 2013.
MAURIN Éric, *Le Ghetto français*, Seuil, 2004.
POPPER Karl, *La Société ouverte et ses ennemis*, tome 2, *Hegel et Marx*, Seuil, 1979.
PROUST Marcel, *Contre Sainte-Beuve* (1954), Gallimard, 1987.
RABAUT SAINT-ÉTIENNE Jean-Paul, *Considérations sur les intérêts du tiers état*, 1788.
RICŒUR Paul, *Philosophie de la volonté*, 2 vol., Points, 2009.
RYDAHL Malene, *Heureux comme un Danois*, Grasset, 2014.
SCHUMPETER Joseph, *Capitalism, Socialism and Democracy*, 1942 (Payot, 1990 pour la traduction française).
STÜRMER Michael, *The German Empire*, Modern Library, 2002.

Table

Pour en savoir plus
sur les Éditions Plon
(catalogue complet, auteurs, titres,
revues de presse, vidéos, actualités...),
vous pouvez consulter notre site Internet :
www.plon.fr
et nous suivre sur les réseaux sociaux :
www.facebook.com/Editions.Plon
www.twitter.com/EditionsPlon

Imprimé en France par CPI
en août 2015

pour le compte des Éditions Plon
12, Avenue d'Italie 75013 Paris

N° d'impression : 129568
Dépôt légal : août 2015